合格
トレーニング

よくわかる**簿記**シリーズ

TRAINING

建設業
経理士 2級

はしがき

　本書は，建設業経理士試験に対応した受験対策用問題集です。「合格力をつける」ことが本書の最大の目的ですから，ＴＡＣ建設業経理士検定講座で培ってきた長年のノウハウをここに集約しました。

　本書は，特に次のような特徴をもっています。

1．本書は，テキストで学習した論点のアウトプット用トレーニング教材として最適です。本書は，『合格テキスト』の各テーマに準拠した問題集ですので，ぜひ『合格テキスト』と併せてご使用ください。

2．各問題には，出題頻度にもとづいて重要度を★マークで表示しました。学習計画に応じて重要度の高い問題を選びながら学習を進めていくことができます。

　　　★★★ … 必ず解いてほしい重要問題
　　　★★☆ … 重要問題を解いた後に可能なかぎり解いてほしい問題
　　　★☆☆ … 時間に余裕があれば解いてほしい問題

3．解きにくい問題については，解答だけでなく「解答への道」として解説や計算根拠を付してあります。『合格テキスト』と併用することで，より理解が深まります。

　本書はこうした特徴をもっていますので，読者の皆さんが検定試験に合格できるだけの実力を必ず身につけられるものと確信しています。

　現在，日本の企業は国際競争の真っ只中にあり，いずれの企業でも実力のある人材，とりわけ簿記会計の知識を身につけた有用な人材を求めています。読者の皆さんが本書を活用することで，検定試験に合格し，将来の日本を担う人材として成長されることを心から願っています。

2020年8月

ＴＡＣ建設業経理士検定講座

Ver.6.0刊行について

　本書は，『合格トレーニング建設業経理士2級Ver.5.0』につき，本試験の傾向等に対応するため改訂を行ったものです。

CONTENTS

建設業会計編

テーマ1　建設業会計（建設業簿記）の基礎知識

問題 **1−1** 原価と利益　★★★　　　　　　理解度チェック □□□

次の図の（　）の中に，適当な用語および金額を記入しなさい。

◀ 解答欄 ▶--

利益など （　　　　）円			請 負 工 事 価 格
販売費・一般管理費 100,000円			
工事間接費 80,000円		（　⌒　）	
直接材料費 120,000円	工 事 直 接 費		
（　　　　） 100,000円			
直接外注費 50,000円			
直接経費 （　　　　）円	（　　　）円	380,000円	480,000円	650,000円

☞ 解答〈3〉ページ

問題 **1−2** 原価と利益　★★☆　　　　　　理解度チェック □□□

当月における次の資料から，①工事直接費，②工事間接費（現場共通費），③工事原価，④総原価，⑤販売費及び一般管理費を求めなさい。

材　料　費	直接材料費…………	1,000,000円
	間接材料費…………	200,000円
労　務　費	直接労務費…………	600,000円
	間接労務費…………	160,000円
外　注　費	直接外注費…………	800,000円
経　　　費	直接経費…………	100,000円
	間接経費………	700,000円
請負工事価格…………………………		5,000,000円
工　事　利　益…………………………		400,000円

◀ 解答欄 ▶--

①	円	②	円	③	円
④	円	⑤	円		

☞ 解答〈3〉ページ

次の資料により，第101工事および第102工事の工事原価を求めなさい。なお，いずれの工事も当月中に完成し，引渡しが完了している。

（資　料）

1　材料費　390,000円

　　（うち，第101工事－210,000円，第102工事－150,000円，工事番号なし－30,000円）

2　労務費　300,000円

　　（うち，第101工事－165,000円，第102工事－120,000円，工事番号なし－15,000円）

3　外注費　400,000円

　　（うち，第101工事－250,000円，第102工事－150,000円）

4　経費　100,000円

　　（うち，第101工事－40,000円，第102工事－50,000円，工事番号なし－10,000円）

5　工事間接費の第101工事と第102工事への配賦割合は，3：2とする。

◀ 解答欄 ▶ ┈┈

	第101工事	第102工事
工事原価	円	円

☞ 解答〈3〉ページ

次の諸取引を仕訳するとともに，勘定に転記し，締め切りのできる勘定は締め切りなさい。転記にあたっては，取引番号，相手勘定科目（諸口は用いない），金額を示しなさい。

(1)　材料の消費高は，直接材料50,000円と間接材料22,000円である。

(2)　賃金の消費高は，直接賃金26,000円と間接賃金14,000円である。

(3)　外注費の消費高は20,000円である（すべて直接費）。

(4)　工事間接費の未成工事支出金勘定への配賦額は36,000円である。

(5)　完成工事原価は130,000円である。

◀ 解答欄 ▶━━━

	借　方　科　目	金　　額	貸　方　科　目	金　　額
(1)				
(2)				
(3)				
(4)				
(5)				

材　　　　料

前月繰越	10,000	
×　×　×	64,000	

未成工事支出金

前月繰越	16,000	

賃　　　金

×　×　×	40,000	

工　事　間　接　費

外　注　費

×　×　×	20,000	

完成工事原価

☞ 解答〈4〉ページ

次の諸取引の仕訳を行い，勘定に転記しなさい。転記にあたっては，取引番号，相手勘定科目（諸口は用いない），金額を示しなさい。また，締め切りのできる勘定は締め切りなさい。なお，月次損益勘定については締め切らなくてよい。

(1)	材料の仕入高（手形支払い）	60,000円
(2)	材料の消費高	
	直接材料費	40,000円
	間接材料費	15,000円
(3)	賃金の支払高（現金払い）	90,000円
(4)	賃金の消費高	
	直接労務費	70,000円
	間接労務費	17,500円
	販売費及び一般管理費	7,500円
(5)	外注費の支払高（現金払い）	50,000円
(6)	外注費の消費高	
	直接外注費	55,000円
(7)	経費の支払高（小切手払い）	60,000円
(8)	経費の消費高	
	間接経費	50,000円
	販売費及び一般管理費	15,000円
(9)	工事間接費の配賦高	82,500円
(10)	完成工事原価	200,000円
(11)	完成工事高（引き渡しのみ，代金未回収）	350,000円
(12)	完成工事高，完成工事原価，販売費及び一般管理費を月次損益勘定に振り替えた。	

◀ 解答欄 ▶

	借 方 科 目	金 額	貸 方 科 目	金 額
(1)				
(2)				
(3)				
(4)				
(5)				
(6)				
(7)				

(8)			
(9)			
(10)			
(11)			
(12)			

材　　料	
前月繰越　10,000	

賃　　金	
	前月繰越　10,000

外　注　費	
	前月繰越　10,000

経　　費	
前月繰越　8,000	

完成工事原価

未成工事支出金	
前月繰越　20,000	

工事間接費

販売費及び一般管理費

月　次　損　益

完　成　工　事　高

☞ 解答〈4〉ページ

テーマ*2* 材料費会計

問題 2-1 材料の購入 ★★★ 理解度チェック ☐☐☐

　次の材料に関する仕訳を，購入時資産処理法と購入時材料費処理法によって示しなさい。なお，仕訳なしのときは「仕訳不要」と借方科目欄に記入すること。

(1)　材料100kgを@100円で購入し，代金は買入手数料1,000円とともに小切手を振り出して支払った。

(2)　工事現場において，直接材料として60kg，間接材料として25kgが消費された。

(3)　月末における材料未使用高は15kgであった。

◀ 解答欄 ▶ ━━━━━━━━━━━━━━━━━━━━━━━━━━━━━━━━━━━

〈購入時資産処理法〉

	借　方　科　目	金　　額	貸　方　科　目	金　　額
(1)				
(2)				
(3)				

〈購入時材料費処理法〉

	借　方　科　目	金　　額	貸　方　科　目	金　　額
(1)				
(2)				
(3)				

☞ 解答〈6〉ページ

問題 2-2 材料仕入帳　★★☆

次の材料仕入帳の10月末日の各欄の合計額にもとづいて，仕訳を行いなさい。

材 料 仕 入 帳

日付		送付No.	仕入先	摘要	元丁	工事未払金	諸　口	内　　　　訳			
								主要材料	買入部品	燃　料	仮設材料
10	5	130	A鉄鋼	掛		680,000	40,000	680,000	40,000		
	6	20	F建材	現金						50,000	
	7	51	C商会	掛		50,000					
	31					2,720,000	150,000	2,450,000	120,000	100,000	200,000

(注)　元丁は省略してある。

◀ 解答欄 ▶ ┄┄

借 方 科 目	金　額	貸 方 科 目	金　額

☞ 解答〈6〉ページ

材料の返品と値引き　★★★　　　理解度チェック

次の取引を仕訳しなさい。なお，購入時は材料勘定で処理している。
(1) 岩手建築は青森建材から掛けで仕入れた資材のうち36,000円が不良品であったため，これを返品した。
(2) 盛岡建設は水戸建材から掛けで仕入れた資材につき15,000円の値引きを受けた。

◀ 解答欄 ▶ ┈┈┈┈┈┈┈┈┈┈┈┈┈┈┈┈┈┈┈┈┈┈┈┈┈┈┈┈┈┈┈┈┈┈┈┈┈

	借　方　科　目	金　　額	貸　方　科　目	金　　額
(1)				
(2)				

☞ 解答〈6〉ページ

問題 2-4 材料の割り戻し　★★★　　　理解度チェック

次の取引を仕訳しなさい。なお，購入時は材料勘定で処理している。
(1) 東京建設株式会社は，仕入先京都建材に対する過去1年間の仕入高5,200,000円に対して割り戻しを受けた。割戻額は仕入高に対して2％であり，未払分より差し引くことにした。
(2) 株式会社大阪建設は，仕入先佐賀コンクリート株式会社からの過去半年の仕入高3,600,000円について割り戻しを受けた。割戻額は仕入高に対して2.5％で，現金で受け取った。

◀ 解答欄 ▶ ┈┈┈┈┈┈┈┈┈┈┈┈┈┈┈┈┈┈┈┈┈┈┈┈┈┈┈┈┈┈┈┈┈┈┈┈┈

	借　方　科　目	金　　額	貸　方　科　目	金　　額
(1)				
(2)				

☞ 解答〈6〉ページ

問題 2-5 材料の割引き ★★★

次の取引を仕訳しなさい。なお，購入時は材料勘定で処理している。

(1) 株式会社東西建設は，仕入先西日本総業より建設資材50,000円を「30日後払い，ただし10日以内に支払うときは2％引き」の条件により掛けで仕入れた。

(2) 株式会社東西建設は，上記の代金を割引有効期間内に支払ったので，2％の割引きを受け，残額は小切手を振り出して支払った。

◀ 解答欄 ▶ ・・

	借 方 科 目	金 額	貸 方 科 目	金 額
(1)				
(2)				

☞ 解答〈6〉ページ

次の取引の仕訳をし，材料勘定に転記（相手勘定科目と金額のみでよい）し，締め切りなさい。

(1) 500kg（120円/kg）の材料を掛けで購入した。

(2) (1)の材料につき破損があったため，1kgあたり3円の値引きを受けた。

(3) 材料につき大量購入に伴う割戻し1,170円を受けた。

(4) 掛け代金40,000円につき，契約期日前に小切手を振り出して支払い，1％の割引きを受けた。

◀ 解答欄 ▶ ┈┈

	借 方 科 目	金 額	貸 方 科 目	金 額
(1)				
(2)				
(3)				
(4)				

材　　料

前 月 繰 越	2,000		

☞ 解答〈6〉ページ

次の資料により，以下に示す問いの各場合の材料元帳の記入（締切不要）を行い，当月の材料費（材料の消費額）を計算しなさい。ただし，消費量の計算は継続記録法により，消費価格（消費単価）の計算は各問の指示によること。

（資　料）

9月1日	前 月 繰 越	500個	@100円
8日	受 入（仕入）	300個	@108円
15日	払 　 出	400個	
22日	受 入（仕入）	200個	@109円
26日	払 　 出	500個	
28日	受 入（仕入）	300個	@111円

◀ 解答欄 ▶ ....

[問1]　　先入先出法で消費単価を決定した場合

材 料 元 帳
（先入先出法）

令和○年		摘　要	受　入　高			払　出　高			残　高		
			数　量	単　価	金　額	数　量	単　価	金　額	数　量	単　価	金　額
9	1	前 月 繰 越	500	100	50,000				500	100	50,000

当月の材料費 ＿＿＿＿＿＿＿＿＿ 円

[問2]　　移動平均法で消費単価を決定した場合

材 料 元 帳
（移動平均法）

令和○年		摘　要	受　入　高			払　出　高			残　高		
			数　量	単　価	金　額	数　量	単　価	金　額	数　量	単　価	金　額
9	1	前 月 繰 越	500	100	50,000				500	100	50,000

当月の材料費 ＿＿＿＿＿＿＿＿＿ 円

☞ 解答〈7〉ページ

次の資料により，以下に示す問いの各場合の材料元帳の記入および締め切りを行い，当月の材料費（材料の消費額）を計算しなさい。ただし，消費量の計算は継続記録法により，消費価格（消費単価）の計算は総平均法で消費単価を計算した場合による。

（資　料）

9月1日	前月繰越	500個	@ 98円	
8日	受　入（仕入）	300個	@108円	
15日	払　　出	400個		
22日	受　入（仕入）	200個	@109円	
26日	払　　出	500個		
28日	受　入（仕入）	300個	@111円	

◀ **解答欄** ▶ ┄┄┄┄┄┄┄┄┄┄┄┄┄┄┄┄┄┄┄┄┄┄┄┄┄┄┄┄┄┄┄┄┄┄┄┄┄

材　料　元　帳

（総平均法）

令和○年		摘　要	受　入　高			払　出　高			残　高		
			数量	単価	金　額	数量	単価	金　額	数量	単価	金　額
9	1	前月繰越	500	98	49,000				500	98	49,000

当月の材料費 ＿＿＿＿＿＿＿＿＿円

☞ 解答〈8〉ページ

問題　2-9　材料の期末評価　★★★

次の取引の仕訳を行い，材料勘定を記入し，締め切りなさい。転記にあたっては，取引番号，相手勘定科目（諸口は用いない），金額を示しなさい。

(1) 当期の材料消費高は140,000円であった。

（うち工事直接費　130,000円，残りは工事間接費としての消費である。）

(2) 期末における材料棚卸高は次のとおりである。

帳簿棚卸高　数量50個　原価@500円

実地棚卸高　数量48個　時価@480円

なお，棚卸減耗は原価性があるため工事原価（未成工事支出金）に算入する。

◀ 解答欄 ▶

	借　方　科　目	金　　額	貸　方　科　目	金　　額
(1)				
(2)				

材　　　料

前　月　繰　越	15,000		
材料仕入帳より	150,000		

☞ 解答〈8〉ページ

　　　　に入る正しい金額を計算しなさい。

(1)　A材料の当期仕入高は，3,100,000円，仕入割引28,000円，仕入値引68,000円，仕入割戻74,000円であり，期首残高は370,400円であった。棚卸減耗費が73,600円であり，期末の実地棚卸高が308,800円であれば，A材料の当期消費額は　　　　円である。

(2)　材料元帳における期末帳簿棚卸高は数量が300kgであり，1kgあたりの単価は1,200円であった。実地棚卸を行ったところ，棚卸減耗が10kgであり，1kgあたりの時価が1,080円であるとき，材料評価損は　　　　円である。

◀ 解答欄 ▶┄┄

(1)　　　　　　　　　　円　　(2)　　　　　　　　　　円

☞ 解答〈9〉ページ

次の一連の取引の仕訳をしなさい。

(1)　当社は，材料費については購入時材料費処理法を採用し，仮設材料の消費分の把握については，すくい出し方式によっている。本日，工事現場に仮設材料480,000円を搬入した。

(2)　上記工事が完了し，倉庫に返却された仮設材料の評価額は180,000円であった。

◀ 解答欄 ▶┄┄

	借　方　科　目	金　　額	貸　方　科　目	金　　額
(1)				
(2)				

☞ 解答〈9〉ページ

テーマ**3**　労務費会計

問題 **3-1** 賃金支払帳　★☆☆

理解度チェック

次の賃金支払帳にもとづいて，合計仕訳を示しなさい。ただし，控除額は預り金とすること。

賃 金 支 払 帳

自令和×年9月21日　至令和×年10月20日

番号	氏名	時　間		賃　率		支　払　高				控　除　額			現　金支払高	領収印
		定時	定時外	定時	定時外	基本賃金	加給金	諸手当	合　計	所得税	健　康保険料	合　計		
1	山田五郎	165	20	800	1,000	132,000	20,000	13,500	165,500	6,500	6,000	12,500	153,000	山田
		13,600	1,700			8,600,000	2,000,000	967,000	11,567,000	358,000	402,000	760,000	10,807,000	

(注)　摘要・元丁欄は省略してある。

◀ **解答欄** ▶--

借　方　科　目	金　　額	貸　方　科　目	金　　額

☞ 解答〈10〉ページ

問題 **3-2** 賃金仕訳帳　★☆☆

理解度チェック

次の賃金仕訳帳にもとづいて，合計仕訳を示しなさい。

賃 金 仕 訳 帳

自令和×年10月1日　至令和×年10月31日

令　和×　年	作業時間票出 来 高 票	番号枚数	元丁	借　　　　　方			元丁	貸　　方
				未成工事支出金	工事間接費	販売費及び一般管理費		賃　　金
31		88		8,800,000	1,500,000	700,000		11,000,000

◀ **解答欄** ▶--

	借　方　科　目	金　　額	貸　方　科　目	金　　額
31日				

☞ 解答〈10〉ページ

次の取引について(1)賃金勘定と工事未払金勘定で処理する場合，(2)賃金勘定のみで処理する場合により仕訳および勘定記入を行いなさい。なお，勘定は締め切るものとし，日付の代わりに取引番号を用いなさい。また，仕訳なしのときは仕訳不要と記入すること。

①　前月の賃金未払額は，75,000円であった。

②　当月の賃金消費高は直接分240,000円，間接分107,500円であった。

③　当月の賃金支払高は337,500円であり，全額小切手を振り出して支払った。

④　当月の賃金未払額は？円であった。

◀ 解答欄 ▶

(1)　賃金勘定と工事未払金勘定で処理する場合

	借 方 科 目	金 額	貸 方 科 目	金 額
①				
②				
③				
④				

賃　　　金

工 事 未 払 金

		前 月 繰 越	75,000

(2)　賃金勘定のみで処理する場合

	借　方　科　目	金　　額	貸　方　科　目	金　　額
①				
②				
③				
④				

賃　　　　金

		前　月　繰　越	75,000

☞ 解答〈10〉ページ

次の資料により仕訳を行い，勘定に記入しなさい。なお，勘定は締め切るものとし，日付の代わりに取引番号を用いること。なお，仕訳なしのときは「仕訳不要」と借方科目欄に記入すること。

(1) 前月賃金未払額　　　　　　　　92,500円
(2) 当月賃金現金支払額　　　　　　300,500円
　　控除額（預り金勘定を使用）
　　　所得税　　　　　　　　　　　11,250円
　　　健康保険料　　　　　　　　　13,250円
(3) 当月賃金消費額（実際賃率@110円）
　　　直接作業時間　　　2,500時間
　　　間接作業時間　　　　500時間
(4) 当月賃金未払額　　　　　　　　　？　円

◀ 解答欄 ▶

	借　方　科　目	金　　額	貸　方　科　目	金　　額
(1)				
(2)				
(3)				
(4)				

賃　　　　　金

		前　月　繰　越	92,500

☞ 解答〈10〉ページ

問題 3-5 賃金の支払いと消費 ★★★　　　理解度チェック □□□

　次の資料により次の勘定科目を用いて仕訳を行い，勘定に記入し締め切りなさい。なお，日付の代わりに取引番号を用いなさい。また，仕訳なしのときは「仕訳不要」と借方科目欄に記入すること。

　使用する勘定科目：賃金・給料，当座預金，預り金，未成工事支出金，工事間接費

(1) 前月賃金未払額　　　　　　　　　　　　　　　292,000円

(2) 当月賃金支払額

　基本賃金・割増賃金合計額　　　　　　　　　　1,573,000円

　控除額

　　源泉所得税　　　　　　　　96,000円

　　健康保険料　　　　　　　　44,000円　　　　140,000円

　正味支払高（当座預金による）　　　　　　　　1,433,000円

(3) 当月賃金消費額（実際賃率による）

　直接労務費　　　　　　　　1,300,000円

　間接労務費　　　　　　　　　143,000円　　　　1,443,000円

(4) 当月賃金未払額（金額は各自推定）

◀ 解答欄 ▶

	借　方　科　目	金　　額	貸　方　科　目	金　　額
(1)				
(2)				
(3)				
(4)				

賃　金　・　給　料

		前　月　繰　越	292,000

☞ 解答〈11〉ページ

次の資料について仕訳を行い，勘定記入をするとともに締め切りも行いなさい。なお，日付の代わりに取引番号を用いること。また，仕訳なしのときは「仕訳不要」と借方科目欄に記入すること。

(1)	前月賃金未払額	840,000円
(2)	当月賃金支払額（小切手払い）	2,805,000円

　　　ただし，所得税等の控除額が495,000円ある（預り金勘定で処理すること）。

(3)	予定賃率による当月の賃金消費額	
	直接作業分	2,460,000円
	間接作業分	570,000円
(4)	実際賃率による当月の賃金消費額	3,090,000円
(5)	予定消費賃金と実際消費賃金との差額を賃率差異勘定に計上した。	？　円
(6)	当月賃金未払額	？　円

◀ 解答欄 ▶--

	借　方　科　目	金　　額	貸　方　科　目	金　　額
(1)				
(2)				
(3)				
(4)				
(5)				
(6)				

賃　　　　金

		前 月 繰 越	840,000

賃　率　差　異

☞ 解答〈11〉ページ

テーマ4 外注費会計と経費会計

問題 **4-1** 外注費の支払い　★★★

理解度チェック □□□

　次の連続した取引を仕訳しなさい。なお，使用する勘定科目は下記の〈勘定科目群〉から選びなさい。

〈勘定科目群〉

　現金　　　当座預金　　　工事費前渡金　　　工事未払金　　　外注費

(1)　当社は堀越電設株式会社と電気工事の下請契約を結び，契約代金2,500,000円のうち875,000円を小切手を振り出し前払いした。

(2)　本日下請工事の進行状況が60％であることが判明した。

(3)　電気工事が完成した。

(4)　残金を現金にて支払った。

◀ 解答欄 ▶

	借　方　科　目	金　　額	貸　方　科　目	金　　額
(1)				
(2)				
(3)				
(4)				

☞ 解答〈12〉ページ

次の連続した取引を仕訳し，勘定記入を行いなさい（締切不要）。なお，使用する勘定科目は下記の〈勘定科目群〉から選びなさい。また，勘定記入の際，日付のかわりに取引番号を用いること。

〈勘定科目群〉

当座預金　　　　　未成工事支出金　　　工事費前渡金　　　支払手形

工事未払金　　　外注費

(1) 当社は関工業株式会社とトイレ床の防水工事の下請契約を結び，契約代金5,000,000円のうち1,500,000円を小切手を振り出し前払いした。

(2) 本日下請工事の進行状況が50％であることが判明した。

(3) 防水工事が完成したので，3,000,000円の小切手を振り出し，残金は後日支払うことにした。

(4) 残金を約束手形を振り出して支払った。

(5) 上記外注費を工事原価（未成工事支出金）に賦課した。

◀ 解答欄 ▶

	借 方 科 目	金 額	貸 方 科 目	金 額
(1)				
(2)				
(3)				
(4)				
(5)				

外　注　費

☞ 解答 〈12〉ページ

問題　4-3　経費の消費額　★★★

次の取引の仕訳をしなさい。なお，使用する勘定科目は下記の〈勘定科目群〉から最も適当なものを選ぶこと。

〈勘定科目群〉

当座預金	材料	減価償却累計額	電力料
修繕費	減価償却費	棚卸減耗損	工事間接費
販売費及び一般管理費			

(1) ① 修繕費45,000円を小切手を振り出して支払った。なお，前月未払額5,000円がある。

② 修繕費当月消費額43,000円 ⎰80%　工事部門
　　　　　　　　　　　　　　　⎱20%　営業部門

(2) 材料棚卸減耗30,000円が発生した。なお，棚卸減耗のうち，5,000円は原価性があるものと認められるため，工事原価（工事間接費）に算入し，残りは原価性がなく特別損失とすることにした。

(3) ① 電力料45,000円を小切手を振り出して支払った。

② 電力料当月測定額40,000円 ⎰75%　工事部門
　　　　　　　　　　　　　　　⎱25%　営業部門

(4) ① 減価償却費36,000円（1カ月分）を計上した。ただし，記帳方法は間接法によっている。

② 減価償却費36,000円は，工事現場用機械装置に対するものであるため，工事原価に算入する。

◀ 解答欄 ▶┄┄┄┄┄┄┄┄┄┄┄┄┄┄┄┄┄┄┄┄┄┄┄┄┄┄┄┄┄┄┄┄┄┄┄┄

		借　方　科　目	金　　額	貸　方　科　目	金　　額
(1)	①				
	②				
(2)					
(3)	①				
	②				
(4)	①				
	②				

☞ 解答〈12〉ページ

理解度チェック

次の経費の当月消費額を計算しなさい。

◀ 解答欄 ▶━━━━━━━━━━━━━━━━━━━━━━━━━━━━━━━━━━━━━

（単位：円）

経　　　費	当月支払額	前　　月		当　　月		当月消費額
		未 払 高	前 払 高	未 払 高	前 払 高	
設　計　費	25,000		500		1,000	
支　払　運　賃	33,000	1,500		1,300		
通　信　費	41,000		1,200	1,500		
保　管　料	52,000	3,000			2,000	
修　繕　費	44,000	300	200	1,600	1,400	
消　耗　品　費	57,150	400	100	350	500	

☞ 解答〈12〉ページ

問題 **4-5** 経費の消費額 ★★☆

理解度チェック

次の各経費の消費額（一原価計算期間分）を計算しなさい。ただし，決算は年1回である。
(1) 減 価 償 却 費　540,000円（当年度分）
(2) 特 許 権 使 用 料
　　当月分（加工量に比例して支払った分）　36,000円　　前年度支払額　546,000円
(3) 棚 卸 減 耗 費
　　当月材料帳簿棚卸高　180,000円　　当月材料実地棚卸高　175,000円
(4) 租 税 公 課
　　当年度推定額　120,000円
(5) 電 力 料
　　支 払 額　25,000円　　当月測定額　24,000円
(6) 運　　　　　賃
　　当月支払額　65,000円　　前月前払額　8,000円　　当月未払額　4,000円

◀ 解答欄 ▶━━━━━━━━━━━━━━━━━━━━━━━━━━━━━━━━━━━━━

(1)	円	(2)	円
(3)	円	(4)	円
(5)	円	(6)	円

☞ 解答〈13〉ページ

問題 **4-6** 経費仕訳帳　★★☆　　理解度チェック

11月中の経費に関する下記の資料にもとづいて，(1)経費仕訳帳の（　）内に適当な金額を入れ，(2)総勘定元帳に転記する場合の合計仕訳を仕訳欄に記入しなさい。

（資　料）

減価償却費　年間償却費　36,000円　　　電　力　料　当月支払額　8,000円
　　　　　　　　　　　　　　　　　　　　　　　　　　当月測定額　9,200円

設　計　費　前月未払額　20,000円　　　棚卸減耗費　当月発生額　5,000円
　　　　　　当月支払額　40,000円
　　　　　　当月未払額　12,000円

◀ **解答欄** ▶ --

(1)

経　費　仕　訳　帳

（単位：円）

令和×年		摘　要	費　目	借　方			貸　方
				未成工事支出金	工事間接費	販売費及び一般管理費	金　額
11	30	月割経費	減価償却費		（　　　）	500	（　　　）
	〃	測定経費	電　力　料		（　　　）	1,000	（　　　）
	〃	支払経費	設　計　費	（　　　）			（　　　）
	〃	発生経費	棚卸減耗費		（　　　）		（　　　）
				（　　　）	（　　　）	1,500	（　　　）

(2)　合計仕訳

	借　方　科　目	金　額	貸　方　科　目	金　額
11/30				

☞ 解答〈13〉ページ

問題 **4-7** 経費仕訳帳　★★☆　　理解度チェック

10月中の経費に関する下記の資料によって，経費仕訳帳の（　）内に適当な用語または金額を記入し，未成工事支出金および工事間接費勘定へ記入する際の仕訳を示し，かつ，解答欄に示す諸勘定を完成させなさい。ただし，各経費勘定の記入は当月分のみの記入とする。なお，会計期間は1年である。

（資　料）
(1)　減価償却費　年間償却費　600,000円
(2)　保　管　料　当月支払額　150,000円　　前月未払額　30,000円
　　　　　　　　　翌月分前払額　20,000円
(3)　電　力　料　当月支払額　18,000円　　当月測定額　20,000円
(4)　設　計　費　当月支払額　108,000円　　前月未払額　15,000円
　　　　　　　　　当月未払額　35,000円
(5)　棚卸減耗費　当月発生高　30,000円

◀ 解答欄 ▶━━━━━━━━━━━━━━━━━━━━━━━━━━━━━━━━━━

経 費 仕 訳 帳

（単位：円）

令和×年		摘　要	費　目	借　方			貸　方
				未成工事支出金	工事間接費	販売費及び一般管理費	金　額
10	31	（　　　）	減価償却費		（　　　）	15,000	（　　　）
	〃	支払経費	保　管　料		（　　　）		（　　　）
	〃	（　　　）	電　力　料		13,000	（　　　）	（　　　）
	〃	（　　　）	設　計　費	（　　　）			（　　　）
	〃	（　　　）	棚卸減耗費		（　　　）		（　　　）
				（　　　）	（　　　）	（　　　）	（　　　）

	借 方 科 目	金　額	貸 方 科 目	金　額
10/31				

```
        減 価 償 却 費                        未成工事支出金
           │諸　口（       ）        （     ）（       ）

        保　管　料                           工 事 間 接 費
諸　口  100,000 │（     ）（     ）    諸　口（       ）│

        電　力　料                      販売費及び一般管理費
諸　口  20,000 │諸　口（     ）       諸　口（       ）│

        設　計　費                           材　　　料
諸　口  128,000 │（     ）（     ）                  │（     ） 30,000
```

☞ 解答〈13〉ページ

テーマ5　工事間接費の計算

問題 **5-1** 実際配賦　★★★　　　　　　　理解度チェック □□□

　次の資料により，(1)各配賦率による工事A・Bへの工事間接費配賦額，(2)工事A・Bの完成工事原価を計算しなさい。なお，当社は工事A・B以外の作業も行っており，工事A・Bはともに当月中に完成した。

（資　料）

当月の工事に係るデータ

摘　　　要	工事全体	工事A	工事B
直 接 材 料 費	500,000円	150,000円	130,000円
直 接 労 務 費	600,000円	120,000円	96,000円
直 接 経 費	150,000円	15,000円	20,000円
直 接 外 注 費	250,000円	45,000円	24,000円
工 事 間 接 費	800,000円	（　　　）円	（　　　）円
直 接 作 業 時 間	1,000時間	240時間	230時間
機 械 運 転 時 間	5,000時間	1,250時間	1,100時間

◀ 解答欄 ▶ ━━━━━━━━━━━━━━━━━━━━━━━━━━━━━

(1)　工事間接費配賦額

	工　　事　　A	工　　事　　B
①　直 接 材 料 費 基 準	円	円
②　直 接 労 務 費 基 準	円	円
③　直 接 原 価 基 準	円	円
④　直接作業時間基準	円	円
⑤　機械運転時間基準	円	円

(2)　完成工事原価

	工　　事　　A	工　　事　　B
①　直 接 材 料 費 基 準	円	円
②　直 接 労 務 費 基 準	円	円
③　直 接 原 価 基 準	円	円
④　直接作業時間基準	円	円
⑤　機械運転時間基準	円	円

☞ 解答〈14〉ページ

5 工事間接費の計算

29

次の資料により，仕訳，勘定記入（相手勘定科目と金額のみでよい）をしなさい（締切不要）。

（資　料）

1　工事間接費年間予算額　18,000,000円

2　年間予定直接作業時間　36,000時間

3　当月工事間接費実際発生額　1,440,000円

4　当月実際直接作業時間　3,060時間

(1)　工事間接費を配賦したときの仕訳

(2)　工事間接費の実際発生額と予定配賦額との差額を，工事間接費配賦差異勘定に振り替えたときの仕訳

◀ 解答欄 ▶ ---

	借　方　科　目	金　　額	貸　方　科　目	金　　額
(1)				
(2)				

工　事　間　接　費

諸　　　口	1,440,000	

工事間接費配賦差異

☞ 解答〈15〉ページ

問題 5-3 予定配賦 ★★★

理解度チェック ☐ ☐ ☐

　当社では，直接作業時間を基準として工事間接費を予定配賦している。年間の予定直接作業時間は36,000時間であり，年間の工事間接費予算は28,440,000円である。下記のデータにもとづき，次の取引を仕訳しなさい。ただし使用する勘定科目は，下記の〈勘定科目群〉から最も適当な勘定を選ぶこと。

〈勘定科目群〉

現金預金	材料	未成工事支出金	機械装置
賃金・給料	工事間接費	完成工事原価	工事間接費配賦差異

(1)　A工事に対し，工事間接費を予定配賦した。当月実際直接作業時間は3,200時間であった。

(2)　補助材料の当月消費額を計上した（補助材料の月初有高300,000円，当月仕入高1,050,000円，月末有高250,000円）。

(3)　間接工賃金の当月消費額を計上した（前月未払額80,000円，当月支払額830,000円，当月未払額110,000円）。

(4)　機械減価償却費当月分を600,000円計上した。

(5)　月末に工事間接費配賦差異を計上した（なお当月の実際工事間接費合計は上記取引で明らかになるもののほか，120,000円がすでに計上されているものとする）。

◀ 解答欄 ▶---

	借　方　科　目	金　　額	貸　方　科　目	金　　額
(1)				
(2)				
(3)				
(4)				
(5)				

☞ 解答〈15〉ページ

問題 5-4 予定配賦 ★★★

理解度チェック □□□

当社では，工事間接費を各工事に直接原価基準で配賦している。下記の〈資料〉に基づき，次の問に答えなさい。なお，計算過程で端数が生じた場合は円未満を四捨五入すること。

問1　当会計期間における工事間接費の予定配賦率（％）を計算しなさい。

問2　当月における101工事への工事間接費予定配賦額を計算しなさい。

問3　当月における工事間接費配賦差異を計算しなさい。なお，配賦差異が不利差異の場合は「X」，有利差異の場合は「Y」をあわせて記入すること。

〈資　料〉

(1) 当会計期間の工事間接費予算額

9,450,500円

(2) 当会計期間の直接原価総発生見積額

材料費　25,726,300円　　労務費　26,241,500円　　外注費　35,456,000円

直接経費　7,081,200円

(3) 当月の工事間接費実際発生額

772,600円

(4) 当月の直接原価実際発生額

（単位：円）

	材料費	労務費	外注費	直接経費
101工事	204,600	188,400	400,200	98,800
102工事	324,700	229,200	429,800	109,000
103工事	209,900	175,800	336,700	78,100
その他工事	1,303,800	1,592,600	1,887,300	342,100
合計	2,043,000	2,186,000	3,054,000	628,000

◀ 解答欄 ▶ --

問1　□□□ ％　　問2　□□□ 円

問3　□□□ 円　記号（XまたはY）□

☞ 解答〈15〉ページ

32

問題 5-5　予定配賦　★★☆

工事現場の管理等を行う現場技術者の給料手当（工事間接費）について，現場管理作業時間に基づいて予定配賦を行っている。次の〈資料〉に基づき，次の問に答えなさい。

〈資　料〉

イ．当会計期間の現場技術者の給料手当予算額　　6,020,000円

ロ．当会計期間の現場技術者の現場管理等予定時間　　2,800時間

ハ．当月の工事別現場管理実際作業時間

　　　甲工事　　　　　　　42時間

　　　乙工事　　　　　　　37時間

　　　その他の工事　　　148時間

ニ．当月の現場技術者の給料手当の実際発生額　　492,000円

問1　当会計期間の現場予定配賦率を求めなさい。

問2　当月の甲工事，および乙工事の現場技術者の給料手当の予定配賦額を求めなさい。

問3　当月の現場技術者の給料手当に関する配賦差異を計算しなさい。なお，配賦差異については，不利差異の場合は「X」，有利差異の場合は「Y」を記入しなさい。

◀ 解答欄 ▶

問1 [　　　　　　] 円/時間

問2　甲工事 [　　　　　　] 円

　　　乙工事 [　　　　　　] 円

問3 [　　　　　　] 円　記号（XまたはY）[　　]

☞ 解答〈16〉ページ

当社の所有する建設機械は，各工事現場で共通に使用しており，各工事原価への配賦は，機械運転時間を配賦基準とする予定配賦法を採用している。以下の〈資料〉に基づきB建設機械の予定配賦率について，次の各問に答えなさい。なお，計算過程で端数が生じた場合は，円位未満四捨五入する。

問1　次期予定操業度における予定配賦率

問2　長期正常操業度における予定配賦率

問3　実現可能最大操業度における予定配賦率

〈資　料〉

1　すべての建設機械の共通予算　総額3,500,000円（機械総馬力数　4,000馬力）

　（注）共通予算は機械馬力数によって各建設機械に配賦する。

2　B建設機械について

　(1)　年間予算　2,800,000円

　(2)　馬力数　800馬力

　(3)　最大稼働時間　年間350日　1日8時間

　(4)　次期以降の予定稼働時間

　　　　1年目（次期）　2,500時間　　　2年目　2,400時間　　　3年目　2,000時間

　　　　4年目　2,600時間

◀ 解答欄 ▶--

問1　[　　　　　　　]　円/時間

問2　[　　　　　　　]　円/時間

問3　[　　　　　　　]　円/時間

☞ 解答〈16〉ページ

テーマ *6*　部門別計算

問題 **6-1** 部門費配分表　★★★　　理解度チェック

次の資料により，部門費配分表を完成させなさい。

（資　料）

配賦基準	第1部門	第2部門	機械部門	車両部門	仮設部門
占 有 面 積	500㎡	300㎡	200㎡	160㎡	60㎡
使 用 時 間	100 h	90 h	30 h	20 h	40 h
電 力 消 費 量	360kw	540kw	260kw	90kw	70kw
従 業 員 数	32人	28人	16人	10人	14人

◀ 解答欄 ▶

部 門 費 配 分 表

（単位：円）

費　　目	配賦基準	合　　計	施 工 部 門		補 助 部 門		
			第1部門	第2部門	機械部門	車両部門	仮設部門
部門個別費		419,300	115,600	132,400	86,200	53,600	31,500
部門共通費							
建物管理費	占 有 面 積	75,030					
減価償却費	使 用 時 間	53,760					
電 力 料	電力消費量	41,580					
福 利 費	従 業 員 数	19,350					
		609,020					

☞ 解答〈17〉ページ

次に示す資料にもとづいて，①直接配賦法，②相互配賦法，③階梯式配賦法により部門費振替表を作成しなさい。

（資　料）

(1) 補助部門用役提供割合

	第1部門	第2部門	機械部門	車両部門	仮設部門
機 械 部 門	50%	30%	－	20%	－
車 両 部 門	45%	45%	10%	－	－
仮 設 部 門	30%	30%	20%	20%	－

(2) 部門費合計額

費　　　目	第1部門	第2部門	機械部門	車両部門	仮設部門
部門個別費	270,000円	345,000円	132,000円	136,500円	63,000円
部門共通費	210,000	316,500	168,000	133,500	99,000
計	480,000円	661,500円	300,000円	270,000円	162,000円

◀ 解答欄 ▶ ••

① 直接配賦法

部 門 費 振 替 表

（単位：円）

費　　目	合　　計	施 工 部 門		補 助 部 門		
		第1部門	第2部門	機械部門	車両部門	仮設部門
部門費合計	1,873,500	480,000	661,500	300,000	270,000	162,000
機械部門費						
車両部門費						
仮設部門費						
合　　計						

② 相互配賦法

部 門 費 振 替 表

（単位：円）

費　　目	合　　計	施 工 部 門		補 助 部 門		
		第1部門	第2部門	機械部門	車両部門	仮設部門
部門費合計	1,873,500	480,000	661,500	300,000	270,000	162,000
第1次配賦						
機械部門費				―		―
車両部門費					―	
仮設部門費						―
第2次配賦						
機械部門費						
車両部門費						
仮設部門費						
合　　計						

③ 階梯式配賦法

部 門 費 振 替 表

（単位：円）

費　　目	合　　計	施 工 部 門		補 助 部 門		
		第1部門	第2部門	車両部門	機械部門	仮設部門
部門費合計	1,873,500	480,000	661,500	270,000	300,000	162,000
合　　計						

☞ 解答〈18〉ページ

次の資料により，機械部門費計算表を完成させ，甲工事（工事台帳No.305）の工事間接費配賦額を計算しなさい。なお，工事間接費は機械運転時間を配賦基準とする。

（資　料）

〈配賦基準〉

機械 ＼ 配賦基準	面　積	価　　格	馬力数	運転時間（月）	工員数
A　機　械	50㎡	2,000,000円	30馬力	250時間	8人
B　機　械	15㎡	800,000円	15馬力	100時間	5人
C　機　械	35㎡	1,200,000円	20馬力	150時間	7人

◀解答欄▶--

機 械 部 門 費 計 算 表

（単位：円）

費　　目	配 賦 基 準	合　計	A機械	B機械	C機械
機 械 個 別 費					
修　繕　費	———	290,000	150,000	60,000	80,000
運 転 工 賃 金	———	4,750,000	1,650,000	1,500,000	1,600,000
減 価 償 却 費	———	300,000	120,000	80,000	100,000
機 械 共 通 費					
建　物　費	面　　　　　積	1,000,000			
動　力　費	馬力数×運転時間	720,000			
保　険　料	価　　　　　格	800,000			
間 接 賃 金	工　　員　　数	3,000,000			
		10,860,000			
運 転 時 間					
配 賦 率					

甲工事における機械稼働時間		工事間接費配賦額
A　機　械	60時間	円
B　機　械	40時間	円
C　機　械	50時間	円
合　　　　　計		円

☞ 解答〈20〉ページ

MEMO

次の資料により，仕訳を行いなさい。

（資　料）

1．各施工部門の予定配賦の資料

	直接作業時間	予定配賦率
配管工事部門	300時間	1,300円/時間
鉄筋工事部門	350時間	1,400円/時間
舗装工事部門	250時間	1,000円/時間

(注)　各工事への配賦は，直接作業時間を基準として行う。

2．各部門の実際発生額

(1)　材料費300,000円，労務費240,000円，経費600,000円を工事間接費として次のとおり各部門に配賦した。

配管工事部門	300,000円	鉄筋工事部門	400,000円
舗装工事部門	200,000円	機 械 部 門	80,000円
車 両 部 門	100,000円	仮 設 部 門	60,000円

(2)　上記の補助部門費を次の用役提供割合にしたがって，各施工部門へ配賦した。

	配管工事部門	鉄筋工事部門	舗装工事部門
機械部門	50%	30%	20%
車両部門	30%	50%	20%
仮設部門	10%	50%	40%

◀ 解答欄 ▶••

(1) 予定配賦の仕訳

借 方 科 目	金 額	貸 方 科 目	金 額

(2) 各部門への実際配賦の仕訳

借 方 科 目	金 額	貸 方 科 目	金 額

(3) 補助部門費の施工部門への配賦の仕訳

借 方 科 目	金 額	貸 方 科 目	金 額

(4) 各施工部門の施工部門費配賦差異勘定への仕訳

借 方 科 目	金 額	貸 方 科 目	金 額

☞ 解答〈21〉ページ

テーマ **7** 完成工事原価

問題 **7-1** 原価計算表の作成 ★★★

次の資料をもとに原価計算表を作成しなさい。

（資　料）

(1) 材料費の当月消費額

　　　台帳No. 101－230,000円，台帳No. 102－216,000円，台帳No. 103－184,000円

　　　台帳番号なし　300,000円

(2) 労務費の当月消費額

　　　台帳No. 101－84,000円，台帳No. 102－106,000円，台帳No. 103－90,000円

　　　台帳番号なし　160,000円

(3) 外注費の当月消費額

　　　台帳No. 101－108,000円，台帳No. 102－92,000円，台帳No. 103－76,000円

(4) 経費の当月消費額

　　　台帳No. 101－148,000円，台帳No. 102－186,000円，台帳No. 103－206,000円

　　　台帳番号なし　60,000円

(5) 工事間接費の配賦

　　　工事間接費配賦額　（　　　　　　）円

　　　（台帳No. 101－170,000円，台帳No. 102－230,000円，台帳No. 103－（　　　　　　）円）

(6) 未成工事支出金勘定の前月繰越高は28,000円（台帳No. 101）であった。また，No. 103以外は完成した。

◀ 解答欄 ▶ ･･

原　価　計　算　表

（単位：円）

工事台帳 費　目	No. 101	No. 102	No. 103	合　　計
前 月 繰 越 高		──	──	
直 接 材 料 費				
直 接 労 務 費				
直 接 外 注 費				
直 接 経 費				
工 事 間 接 費				
合　　　計				
備　　　考				

☞ 解答〈22〉ページ

問題 **7-2** 原価計算表と未成工事支出金勘定　★★★　理解度チェック □ □ □

次の資料により，解答欄に示す未成工事支出金勘定および原価計算表の（　）内に金額を記入しなさい。

（資　料）

(1)　工事間接費は，直接作業時間によって配賦されており，その工事台帳別の作業時間はNo.101が230時間，No.102が200時間，No.103が320時間であった。

(2)　工事台帳はNo.101からNo.103までで，No.101とNo.103は当月中に完成している。

◀ 解答欄 ▶

7 完成工事原価

未成工事支出金

前 月 繰 越	200,000	完成工事原価	（　）
材 料 費	（　）	次 月 繰 越	（　）
賃 金	300,000		
外 注 費	580,000		
経 費	250,000		
工 事 間 接 費	600,000		
	（　）		（　）

原 価 計 算 表

（単位：円）

費　目　＼　工事台帳	No.101	No.102	No.103	合計
月初未成工事原価	（　）	——	110,000	（　）
直 接 材 料 費	120,000	180,000	130,000	（　）
直 接 労 務 費	80,000	（　）	100,000	（　）
直 接 外 注 費	（　）	170,000	190,000	（　）
直 接 経 費	（　）	（　）	——	（　）
工 事 間 接 費	（　）	（　）	（　）	（　）
合　　計	（　）	750,000	（　）	（　）

☞ 解答〈22〉ページ

理解度チェック

令和×8年9月の工事原価に関する次の資料に基づいて，解答欄に示す月次の工事原価明細表を完成しなさい。

（資　料）

1．当月材料仕入高

(1) 総仕入高　　　　　　　　612,000円

(2) 値引・返品高　　　　　　 61,000円

2．当月賃金支払高　　　　　　630,000円

3．当月外注費支払高　　　1,020,000円

4．当月経費支払高

(1) 従業員給料手当　　　　 172,000円

(2) 法定福利費　　　　　　　52,000円

(3) 事務用品費　　　　　　　22,000円

(4) 通信交通費　　　　　　　34,000円

(5) 動力用水光熱費　　　　　68,000円

(6) 地代家賃　　　　　　　　97,000円

(7) 保険料　　　　　　　　　78,000円

5．月初及び月末の各勘定残高

	月　初	月　末
(1) 材料	6,000円	3,000円
(2) 未成工事支出金		
材料費	144,000円	117,000円
労務費	212,000円	182,000円
外注費	370,000円	328,000円
経費	148,000円	76,000円
（経費のうち人件費）	(44,000円)	(32,000円)
(3) 工事未払金		
賃金	64,000円	52,000円
外注費	105,000円	116,000円
(4) 前払費用		
地代家賃	10,000円	11,000円
保険料	13,000円	15,000円

◀ 解答欄 ▶ ┄┄┄

工事原価明細表

令和×8年 9 月　　　　　　　（単位：円）

	当月発生工事原価	当月完成工事原価
Ⅰ．材料費		
Ⅱ．労務費		
Ⅲ．外注費		
Ⅳ．経　費		
（うち人件費）	（　　　　　　　）	（　　　　　　　）
完成工事原価		

☞ 解答〈23〉ページ

次の資料により，解答欄に示す完成工事原価報告書を作成しなさい。

（資　料）

1　期首の工事原価に関する資料

(1)　期首材料棚卸高　200,000円

(2)　期首未成工事支出金の内訳

　　材料費　150,000円　　労務費　200,000円

　　外注費　400,000円　　経　費　100,000円（うち人件費　28,000円）

(3)　未払労務費　50,000円

(4)　未払外注費　100,000円

(5)　前 払 経 費　30,000円

2　当期の工事原価に関する資料

(1)　当期の材料購入に関するもの

　　①　材料総仕入高　850,000円　　②　材料値引・返品高　50,000円

　　③　材料仕入割引高　100,000円

(2)　当期労務費支払高　650,000円

(3)　当期外注費支払高　180,000円

(4)　当期経費支払高　450,000円（うち人件費　180,000円）

3　期末の工事原価に関する資料

(1)　期末材料棚卸高　　帳簿棚卸高　300,000円　　実地棚卸高　280,000円

　　（注）帳簿棚卸高と実地棚卸高との差額は棚卸減耗（正常なもの）である。

(2)　期末未成工事支出金の内訳

　　材料費　120,000円　　労務費　210,000円

　　外注費　360,000円　　経　費　60,000円（うち人件費　26,000円）

(3)　未払労務費　70,000円

(4)　未払外注費　120,000円

(5)　前払経費　80,000円

◀ 解答欄 ▶

```
                完成工事原価報告書        （単位：円）
            自令和x3年4月1日　至令和x4年3月31日
     1. 材 料 費          （          ）
     2. 労 務 費          （          ）
     3. 外 注 費          （          ）
     4. 経    費          （          ）
       （うち人件費            ）
            完成工事原価     （          ）
```

☞ 解答〈24〉ページ

テーマ8　工事収益の計上

問題 8-1 　工事完成基準　★★☆　　　　　　　理解度チェック

　次の建設工事に関する一連の取引を仕訳しなさい。なお，工事収益の計上方法は，工事完成基準による。また，仕訳なしのときは「仕訳不要」と借方科目欄に記入すること。

(1)　横浜建設では，千代田物産より名古屋支社ビルの新築工事を受注し，請負価額は300,000円で，契約金120,000円を契約時に前納の約束で，工事契約を締結した。

(2)　横浜建設では，本日，取引銀行を通じて，千代田物産より契約金120,000円を当座預金に入金した旨の連絡を受け，これを確認した。

(3)　千代田物産の名古屋支社ビルが完成し，引き渡しによる占有権移転登記が行われた。なお，総工事原価は240,000円であった。

(4)　千代田物産より，請負契約価額にもとづく工事代金の残金を約束手形で受け取った。

◀ 解答欄 ▶

	借　方　科　目	金　　額	貸　方　科　目	金　　額
(1)				
(2)				
(3)				
(4)				

☞ 解答〈25〉ページ

8

工事収益の計上

次の建設工事に関する一連の取引を仕訳しなさい。なお，工事収益の計上方法は，工事完成基準による。

(1) 品川建設株式会社は，発注者沖縄商事株式会社と倉庫工事6,000,000円の工事契約を締結し，前受金として同社振り出しの小切手1,500,000円を受け取った。

(2) 沖縄商事株式会社から，上記工事の中間金として同社振り出しの約束手形2,000,000円を受け取った。

(3) 本日，請け負った倉庫工事が完了したので，沖縄商事株式会社に引き渡した。なお，この工事の総原価は4,560,000円であった。

(4) 沖縄商事株式会社より，契約工事代金の未収分を小切手で受け取り，直ちに当座預金に預け入れた。

◀ 解答欄 ▶ ···

	借　方　科　目	金　　額	貸　方　科　目	金　　額
(1)				
(2)				
(3)				
(4)				

☞ 解答〈25〉ページ

問題 **8-3** 工事進行基準 ★★★

　次の建設工事に関する取引を仕訳しなさい。なお，工事収益の計上方法は，工事進行基準を適用し，当該計上にあたっては，原価比例法により計算する。

(1)　発注先である恵比寿物産と仙台営業事務所を建設する工事契約を締結した。同工事の請負代金は650,000円であり，総工事原価は455,000円と見積られた。なお，この工事の契約と同時に工事代金の一部162,500円を小切手で受け取り，直ちに当座預金とした。

(2)　工事受注後，最初の決算を迎えた。当期における実際工事原価は136,500円であった。

(3)　仙台営業事務所の新築工事は順調に進んでいたが，着工後2年目における当期において，工事材料の高騰により工事原価の見直しを行い，総工事原価を468,000円と見積りし直した。なお，当期の実際工事原価発生額は237,900円であった。

(4)　仙台営業事務所の新築工事が完成し，恵比寿物産に完成物件を引き渡した。なお，当期の実際工事原価は93,600円であった。

(5)　恵比寿物産より，工事代金の未収分を約束手形で受け取った。

◀ 解答欄 ▶

	借　方　科　目	金　　額	貸　方　科　目	金　　額
(1)				
(2)				
(3)				
(4)				
(5)				

☞ 解答〈25〉ページ

次の各問の ☐ の中に入る金額を計算しなさい。

なお，下記いずれの工事も成果の確実性が見込まれるため，工事進行基準により工事収益を計上する。また，工事収益の計上にあたっては，原価比例法により計算する。

(1) 当期に着工した28号現場のビル工事の請負工事代価585,000円，総見積工事原価468,000円，当期の工事原価発生額210,600円であったとすれば，同工事の当期の工事収益額は ☐1☐ 円，工事総利益は ☐2☐ 円である。

(2) 福岡工務店は当期に着工した130号現場のビル工事の請負代価1,720,000円，見積工事原価1,290,000円，当期の工事原価発生額580,500円であったとすれば，同工事に係る当期の工事総利益は ☐3☐ 円である。

(3) 浦和建設株式会社は，高田産業株式会社と工事契約を締結しており，着工2年目の当期において，工事収益額 ☐4☐ 円を計上した。この工事の請負代価は250,000円であり，見積工事原価は175,000円，当期末までの工事原価発生額の累計は108,500円であった。なお，前期における工事原価発生額は51,000円，見積工事原価は170,000円であり，当期において見積工事原価の見直しを行っている。

(4) 新宿建設株式会社は，栃木産業株式会社と工事契約を締結しており，着工3年目の当期において，工事収益額 ☐5☐ 円を計上した。この工事の請負代価は800,000円であり，見積工事原価は520,000円，当期末までの工事原価発生額の累計は468,000円であった。よって当期の工事総利益は ☐6☐ 円となる。なお，前期末までに発生した工事原価は336,000円，見積工事原価480,000円であり，当期において見積工事原価の見直しを行っている。

◀ 解答欄 ▶ ┈┈

1. ☐☐☐☐☐ 円　2. ☐☐☐☐☐ 円　3. ☐☐☐☐☐ 円

4. ☐☐☐☐☐ 円　5. ☐☐☐☐☐ 円　6. ☐☐☐☐☐ 円

☞ 解答〈26〉ページ

問題 8-5　工事進行基準　★★★　　　理解度チェック ☐☐☐

　次の ☐ の中に入る金額を計算しなさい。

　成果の確実性が認められないため，前期に着工した10号工事については，工事完成基準を適用していた。

　しかし，当期において成果の確実性が確認できたため，当期より工事進行基準を適用することにした。10号工事の工期は 3 年で請負金額は30,000,000円見積総工事原価は19,500,000円，前期の工事原価発生額は3,510,000円，当期の工事原価発生額は11,115,000円であった。工事進捗度の算定について原価比例法を用いた場合，当期の完成工事高は ☐ 円である。

◀ 解答欄 ▶--

☐ 円

☞ 解答〈26〉ページ

テーマ *9* 建設業会計（建設業簿記）と原価計算

問題 **9-1** 建設業の特徴 ★★☆ 　　理解度チェック ☐☐☐

建設業会計の特徴について述べられている次の文章の ☐ の中に入れるべき最も適当な用語を下記の〈用語群〉の中から選び，その記号（ア〜コ）を記入しなさい。

(1) 建設業は，典型的な ☐ 生産業であるため，個々の工事番号別に原価を集計する個別原価計算が採用される。

(2) 建設工事は，その発注者が政府や地方公共団体などである ☐ が多い。

(3) 受注生産型産業は，大量生産方式を採用できないため，生産期間（工事期間）が ☐ ものが多い。

(4) ☐ および作業単位が多様であるため，工種別原価計算が重視される。

(5) 1つの建設工事の完成のためには，多種多様な専門工事や作業を必要とするため，☐ が高い。

〈用語群〉

ア	公共工事	イ	短い	ウ	個人工事	エ	受注請負	オ	材料の種類
カ	長い	キ	工事種類	ク	大量見込	ケ	外注依存度	コ	自主生産

◀ 解答欄 ▶--

(1)		(2)		(3)		(4)		(5)	

☞ 解答〈27〉ページ

問題 **9-2** 原価計算制度と特殊原価調査 ★★★ 　　理解度チェック ☐☐☐

次のような原価に関する計算は，（A）原価計算制度であるか（B）特殊原価調査であるか，記号で解答しなさい。

(1) 現場共通費を各工事現場へ配賦する計算。

(2) 工事用車両の取り替えが工事原価に及ぼす影響を考慮する計算。

(3) 部門別原価計算における補助部門費を相互配賦法により配賦する。

(4) 外注している作業を自社で行った方が良いかどうかの検討資料を作成する。

◀ 解答欄 ▶--

(1)		(2)		(3)		(4)	

☞ 解答〈27〉ページ

問題 **9-3** 原価の一般概念　★★★　　　理解度チェック ☐ ☐ ☐

　原価計算基準で述べられている原価の本質に関する次の文章の ☐ の中に入れるべき最も適当な用語を下記の〈用語群〉の中から選び，その記号（ア～ク）を記入しなさい。

(1)　原価計算基準における原価とは ☐ の消費である。

(2)　原価計算基準における原価とは，経営において作り出された ☐ に転嫁される価値である。

(3)　原価計算基準における原価とは，経営目的に関連したものであり，基本的に ☐ は含まない。

(4)　原価計算基準における原価とは，原則として偶発的，臨時的な価値の喪失を含めず， ☐ である。

〈用語群〉

ア　市場価値	イ　一定の給付	ウ　正常的なもの	エ　経営活動
オ　標準的なもの	カ　経済価値	キ　工事間接費	ク　財務活動

◀ 解答欄 ▶---

(1)		(2)		(3)		(4)	

☞ 解答〈28〉ページ

問題 **9-4** 原価・非原価の区別　★★★　　　理解度チェック ☐ ☐ ☐

　次の各費用等は，下記の〈区分〉のいずれに属するものか，記号（A～C）で解答しなさい。

(1)　本社で発生した水道光熱費。

(2)　工事現場へ車両で通勤する作業員の駐車場代。

(3)　支店を開設するために資金を借り入れた際の借入金利息。

(4)　完成した建売住宅を販売するために支払った広告宣伝費。

〈区　分〉

　A　総原価のうち，工事原価として処理する。

　B　総原価のうち，期間費用（ピリオド・コスト）として処理する。

　C　非原価として処理する。

◀ 解答欄 ▶---

(1)		(2)		(3)		(4)	

☞ 解答〈28〉ページ

次の文章は，下記の〈原価の基礎的分類〉のいずれと最も関係の深い事柄か，記号（A～D）で解答しなさい。

(1) 一般的な製造業では製造原価を材料費，労務費，経費の3つに分類するが，建設業では工事原価を材料費，労務費，外注費，経費の4つに分類する。

(2) 発生した工事原価が，どこの工事現場によるのかが直接的に把握されるか否かにより，工事直接費と工事間接費に分類される。

(3) 工事原価を，工事の出来高に比例的に発生する変動費と，出来高にかかわらず変化しない固定費に分類する。

(4) 建設業独特の分類として，工事原価を工事種類（工種）別に圧分する。

〈原価の基礎的分類〉

A 発生形態別分類 B 作業機能別分類

C 計算対象との関連性分類 D 操業度との関連性分類

◀ **解答欄** ▶--

(1)		(2)		(3)		(4)	

☞ 解答〈29〉ページ

問題 **9-6** 原価計算の分類 ★★★ 理解度チェック

次の文章は下記の〈原価計算の種類〉のいずれと最も深い事象か，該当する記号（A～E）で解答しなさい。

(1) 建設業では，材料費，労務費，経費，外注費を工事原価として完成工事原価報告書を作成する。

(2) 工事原価に販売費及び一般管理費を含めたものが，原価計算基準にいう「原価の本質」の定義における原価性を有するものである。

(3) 工事が適正な価額で受注できるかを判断するために行う原価計算であり，建設業では重要視される計算方法である。

(4) 原価計算表を作成する際に，受注した工事別に原価を集計することは，受注生産を行う建設業において原則である。

〈原価計算の種類〉

A 総原価計算 B 事前原価計算 C 個別原価計算

D 形態別原価計算 E 総合原価計算

◀ **解答欄** ▶--

(1)		(2)		(3)		(4)	

☞ 解答〈29〉ページ

一般会計編

テーマ10 現金及び預金

問題 **10-1** 修正仕訳　★★★　　　　　　　理解度チェック □□□

　本日決算（3月31日）で金庫の中を実査したところ次のものがあったが，これを適当に処理し，仕訳しなさい。

(1)　東京株式会社の株式配当金領収証50,000円が未処理であった。

(2)　利払日3月31日の社債の利札30,000円が未処理であった。

(3)　福岡商店から完成工事未収入金の回収として受け取った郵便為替証書10,000円が未処理であった。

(4)　3月29日に神戸建材に対する建設資材の代金100,000円の支払いとして振り出した小切手が未渡しとなっていた。

(5)　3月30日に機械の修理代金40,000円の支払いとして振り出した小切手が未渡しとなっていた。

◀ 解答欄 ▶

	借　方　科　目	金　　額	貸　方　科　目	金　　額
(1)				
(2)				
(3)				
(4)				
(5)				

☞ 解答〈31〉ページ

次に示す資料により修正仕訳を示しなさい。

（資　料）

当社の当座預金勘定の残高は320,000円であり，当座預金の残高証明書の残高は231,000円である。

(1) 機械のリース代金として振り出した小切手40,000円が未渡しである。

(2) 銀行口座から自動振替された電気代9,000円（動力用水光熱費）につき，会計処理がされていない。

(3) かねて和歌山建設にあてて振り出していた約束手形120,000円が，期日につき引き落とされていたが未記帳であった。

◀ 解答欄 ▶

	借　方　科　目	金　　額	貸　方　科　目	金　　額
(1)				
(2)				
(3)				

☞ 解答〈31〉ページ

問題 **10-3** 修正仕訳とB/S価額　★★★　　理解度チェック　☐☐☐

　次の資料により修正仕訳を示し，貸借対照表に計上される当座預金の金額を計算しなさい。なお，仕訳なしのときは「仕訳不要」と借方科目欄に記入すること。

（資　料）

　当社の当座預金の帳簿残高は1,543,000円で，銀行残高証明書の残高は1,450,000円であったので，不一致の原因を調査したところ，次のことが判明した。

(1)　得意先長野商店より完成工事代金の回収分100,000円が当座に振り込まれていた。

(2)　手形の取立手数料3,000円が当座から引き落とされていた。

(3)　仕入先小松建材に対する資材代金40,000円の支払いのため，小切手を振り出していたが，その小切手は金庫に保管されていた。

(4)　かねて完成した請負工事の工事代金の回収として小切手230,000円を受け取り，直ちに当座に預け入れたが，銀行では翌日入金としていた。

◀ 解答欄 ▶--

	借　方　科　目	金　　額	貸　方　科　目	金　　額
(1)				
(2)				
(3)				
(4)				

貸借対照表に計上される当座預金の金額 ＿＿＿＿＿＿＿円

☞ 解答〈31〉ページ

問題 **10-4** 銀行勘定調整表　★★★　　理解度チェック　☐☐☐

　次の ☐ に入る金額を計算しなさい。

　期末に当座預金勘定残高と銀行の当座預金残高の差異分析をしたところ，次の事実が判明した。

①　工事未払金の支払いに小切手120,000円を振り出したが，いまだ取り立てられていなかった。

②　銀行に取立依頼した小切手60,000円の取り立てがまだ完了していなかった。

③　工事代金の入金180,000円があったが，その通知が未達であった。

④　借入金の利息20,000円が引き落とされていたが，その通知が当社に未着であった。

　このとき，銀行の当座預金残高は当座預金勘定残高より ☐ 円多い。

◀ 解答欄 ▶--

☐ 円

☞ 解答〈31〉ページ

テーマ11 有価証券

問題 11-1 B/S表示 ★☆☆　　　　　　　理解度チェック □□□

次に示す各有価証券について，貸借対照表上の表示科目（金額）および表示区分を示しなさい。

銘　柄	帳簿価額		保有目的等
A社株式	@ 70円	8,000株	売買目的
B社株式	320	10,000	売買目的
C社株式	485	10,000	子会社支配
D社株式	570	10,000	投資目的
E社社債	99	100,000口	満期保有目的

なお，E社社債は5年債であり，償還まであと3年ある。

◀ 解答欄 ▶--

	表示科目（金額）	表示区分
A社株式	円	
B社株式	円	
C社株式	円	
D社株式	円	
E社社債	円	

11 有価証券

問題 11-2 購入と売却　★★★　　　理解度チェック □□□

次の一連の取引を仕訳しなさい。

(1) 売買目的のため，関東商事株式会社の株式200株を@80,000円で購入し，買入手数料50,000円とともに現金で支払った。

(2) 上記株式のうち100株を@85,000円で売却し，代金は売却手数料25,000円を差し引かれ残額を現金で受け取った。なお，売却手数料は有価証券売却益より控除する。

◀ 解答欄 ▶

	借　方　科　目	金　　額	貸　方　科　目	金　　額
(1)				
(2)				

問題 11-3 売　却　★★★　　　理解度チェック □□□

次の取引を仕訳しなさい。

(1) かねて3回にわたって売買目的で購入した東海商事株式会社の株式15,000株（1回目は5,000株@800円，2回目は6,000株　@900円，3回目は4,000株　@860円）のうち8,000株を@780円で売却し，代金は現金で受け取った。なお当社は，株式の記帳について平均原価法を用いている。

(2) 名古屋建設は売買目的で購入した手持ちの株式10,000株（このうち6,000株は@60円で購入し，残りの4,000株は@80円で追加購入したものである）のうち，8,000株を@70円で売却し，手取金は当座預金とした。なお当社は，株式の記帳について平均原価法を用いている。

◀ 解答欄 ▶

	借　方　科　目	金　　額	貸　方　科　目	金　　額
(1)				
(2)				

☞ 解答〈32〉ページ

次の取引を仕訳しなさい。

(1) 鹿児島建設は所有している社債の利札8,000円につき，本日その支払期日が到来した。

(2) 沖縄建設は所有する株式について50,000円の配当金領収証を受け取った。

◀ 解答欄 ▶

	借 方 科 目	金 額	貸 方 科 目	金 額
(1)				
(2)				

☞ 解答〈32〉ページ

次の取引を仕訳しなさい。

(1) かねてより売買目的で保有していた社債（額面500,000円，帳簿価額498,000円）を520,000円で売却し，端数利息12,500円とともに現金で受け取った。

(2) 長期投資目的で社債（額面1,000,000円）を額面@100円につき@98円で購入し，代金は端数利息20,000円とともに現金で支払った。

◀ 解答欄 ▶

	借 方 科 目	金 額	貸 方 科 目	金 額
(1)				
(2)				

☞ 解答〈33〉ページ

問題 **11-6** 端数利息　★★★　　　　　　　　理解度チェック ☐ ☐ ☐

次の一連の取引を仕訳しなさい。

(1) 令和×7年11月30日に社債額面1,000,000円を売買目的で額面@100円につき@98円で購入し，売買手数料10,000円と前の利払日の翌日から購入当日までの端数利息とともに，小切手を振り出して支払った。この社債の利率は年利7.3%であり，利払日は年2回（3月，9月末日）である。

(2) 令和×8年3月31日に利払日となったので，上記社債につき利息を現金で受け取った。

◀ 解答欄 ▶--

	借　方　科　目	金　　額	貸　方　科　目	金　　額
(1)				
(2)				

☞ 解答〈33〉ページ

問題 **11-7** 端数利息　★★★　　　　　　　　理解度チェック ☐ ☐ ☐

次の取引を仕訳しなさい。

(1) 令和×6年3月4日に，日本物産株式会社の社債（期間10年，利率年7.3%，利払日6月30日と12月31日の年2回）額面6,000,000円を5,950,000円で長期投資目的で購入し，この代金と売買手数料34,500円のほか，前の利払日の翌日から購入当日までの利息を加えた合計額を小切手を振り出して支払った。なお，端数利息は1年を365日として，日割計算すること。

(2) 令和×5年5月25日に，日本商事株式会社の社債（期間10年，年利率7.3%，利払日は3月31日と9月30日の年2回）額面総額4,000,000円を長期投資目的で額面@100円につき@99円で購入し，この代金と売買手数料16,000円のほか，前の利払日の翌日から購入当日までの端数利息を加えた合計額を小切手を振り出して支払った。なお，端数利息は1年を365日として，日割計算すること。

◀ 解答欄 ▶--

	借　方　科　目	金　　額	貸　方　科　目	金　　額
(1)				
(2)				

☞ 解答〈33〉ページ

次の各取引の決算における仕訳を示しなさい。

(1) 子会社株式2,000株（簿価@560円）について時価が著しく下落し@200円となった。時価の回復する見込みは不明である。

(2) 売買目的の株式1,000株（取得原価@670円）を時価@655円に評価替えした。

◀ 解答欄 ▶ --

	借 方 科 目	金 額	貸 方 科 目	金 額
(1)				
(2)				

☞ 解答〈33〉ページ

問題 **11-9** 評価替え　★★☆

決算期末において下記の有価証券を所有している場合の決算整理仕訳を示しなさい。

なお，決算整理仕訳は有価証券の銘柄別に示しなさい。また，仕訳なしのときは「仕訳不要」と借方科目欄に記入すること。

銘　柄	帳簿価額	時　価	保有目的	勘定科目
A　株　式	4,800,000円	4,760,000円	売買目的	有価証券
B　社　債	784,000円	782,000円	売買目的	有価証券
C　株　式	1,800,000円	800,000円	投資目的	投資有価証券
D　株　式	5,000,000円	4,850,000円	子会社支配	？

（注）1　C株式の時価については，回復の見込みは不明である。

　　　2　D株式については当社がD社発行株式のうち60%を所有している。

◀ **解答欄** ▶--

（単位：円）

	借　方　科　目	金　　額	貸　方　科　目	金　　額
A株式				
B社債				
C株式				
D株式				

☞ 解答〈34〉ページ

理解度チェック ☐ ☐ ☐

次の取引を仕訳しなさい。

(1) 島根建設株式会社は長野商事株式会社より現金800,000円を借り入れ，担保として社債（長期投資目的）を差し入れた。額面金額900,000円，帳簿価額は1口100円につき@97円，時価同@98円であり，借入期間は6カ月である。

(2) 旭川商事株式会社は盛岡商事へ小切手500,000円を振り出して貸し付け，担保としてA社社債（額面金額700,000円，時価1口100円につき@98円）を受け取った。なお，貸付期間は4カ月である。

◀ 解答欄 ▶--

	借 方 科 目	金 額	貸 方 科 目	金 額
(1)				
(2)				

☞ 解答〈34〉ページ

問題 11-11 差し入れと保管 ★☆☆

理解度チェック ☐ ☐ ☐

次の取引を仕訳しなさい。

(1) 神田建築は東京建材より現金1,500,000円を借り入れ，担保として額面2,000,000円の甲社社債（長期投資目的）を差し入れた（帳簿価額1口100円につき@97円，時価同@98円）。なお，借入期間は3年間である。

(2) 東海建設は，関西商事へ営業保証金の代用として売買目的として保有していた東日本株式会社の株式（帳簿価額6,500,000円　時価9,000,000円）を差し入れた。

◀ 解答欄 ▶--

	借 方 科 目	金 額	貸 方 科 目	金 額
(1)				
(2)				

☞ 解答〈34〉ページ

問題 **11−12** 貸付けと借入れ　★☆☆　　理解度チェック ☐ ☐ ☐

次の取引を仕訳しなさい。

(1)　山梨建設株式会社は，名古屋物産株式会社に阪神鉄工株式会社の株式（帳簿価額986,000円，時価1,180,000円）を貸し付けた。なお，同株は売買目的として保有していた。

(2)　九州建設株式会社は，取引先の佐賀建設株式会社より新日本重工株式会社の株式（時価1,350,000円）を借り入れた。

◀ 解答欄 ▶---

	借　方　科　目	金　　額	貸　方　科　目	金　　額
(1)				
(2)				

☞ 解答〈34〉ページ

問題 **11−13** 貸付けと借入れ・差し入れと保管　★☆☆　　理解度チェック ☐ ☐ ☐

次の取引を仕訳しなさい。

(1)　横浜建設は，川崎商事に手持ちの売買目的の株式30株を貸し付けた（帳簿価額@51,000円，時価@55,000円）。

(2)　中野建築は，新宿商事へ現金500,000円を貸し付け，担保として，東京電器株式会社の株式20株（簿価@55,000円，時価@62,000円）を預かった。なお，貸付期間は３年である。

(3)　中野建築は上記(2)の株式につき，阪神商事へ営業保証金の代用として差し入れた。

◀ 解答欄 ▶---

	借　方　科　目	金　　額	貸　方　科　目	金　　額
(1)				
(2)				
(3)				

☞ 解答〈34〉ページ

テーマ*12* 手形取引

問題 **12-1** 債務の保証 ★★★　　　理解度チェック □□□

次の一連の取引を仕訳しなさい。ただし，偶発債務を示すために対照勘定を用いること。

(1) A商店の甲銀行借入金300,000円およびB商店の乙銀行借入金200,000円について保証人となった。

(2) A商店の借入金は，期日に返済された旨の通知を受けた。

(3) B商店の借入金は，期日に返済されなかったので，期日以後の利息1,600円とともに小切手を振り出して立替払いをした。

◀ 解答欄 ▶ --

	借 方 科 目	金 額	貸 方 科 目	金 額
(1)				
(2)				
(3)				

☞ 解答〈35〉ページ

問題 **12-2** 裏書き ★★★　　　理解度チェック □□□

次の一連の取引を仕訳しなさい。

(1) さきに大宮商事より受け取った同店振り出しの約束手形300,000円を工事未払金支払いのため赤坂土木へ裏書譲渡した。なお，遡求義務については対照勘定を用いる方法による。

(2) (1)の手形が満期日に決済されたとの連絡があった。

◀ 解答欄 ▶ --

	借 方 科 目	金 額	貸 方 科 目	金 額
(1)				
(2)				

☞ 解答〈35〉ページ

問題 **12-3** 裏書き　★★★

次の取引を仕訳しなさい。なお，材料は材料勘定で処理する。なお，遡求義務については評価勘定を用いる方法による。

(1) 東京建材から材料100,000円を仕入れ，代金は手許にあった横浜商店振り出し，当店あての約束手形100,000円を裏書譲渡した。

(2) (1)の手形が満期日に決済されたとの連絡があった。

◀ **解答欄** ▶---

	借　方　科　目	金　　額	貸　方　科　目	金　　額
(1)				
(2)				

☞ 解答〈35〉ページ

問題 **12-4** 割引き　★★★

次の一連の取引を仕訳しなさい。なお，遡求義務については対照勘定を用いる方法による。

(1) さきに得意先山口商事より受け取った同店振り出しの約束手形800,000円を東西銀行で割り引き，割引料12,000円を差し引かれ，手取金は当座預金とした。

(2) (1)の手形が満期日に無事決済された旨の連絡があった。

◀ **解答欄** ▶---

	借　方　科　目	金　　額	貸　方　科　目	金　　額
(1)				
(2)				

☞ 解答〈35〉ページ

次の取引を仕訳しなさい。なお，遡求義務については評価勘定を用いる方法による。

(1) 名古屋物産から受け取った同店振り出しの約束手形300,000円を取引銀行で割り引き，割引料6,000円を差し引かれた手取金を当座預金に預け入れた。

(2) (1)の手形が満期日に決済されたとの連絡があった。

◀ 解答欄 ▶---

	借 方 科 目	金 額	貸 方 科 目	金 額
(1)				
(2)				

☞ 解答〈36〉ページ

次の取引を仕訳しなさい。

(1) かねて青森商店から受け取っていた同店振り出しの約束手形200,000円につき，本日，不渡りとなった旨の連絡を受けた。

(2) かねて割り引きしていた約束手形300,000円について，償還請求を受けたので遅延利息15,000円とともに小切手を振り出して支払った。

◀ 解答欄 ▶---

	借 方 科 目	金 額	貸 方 科 目	金 額
(1)				
(2)				

☞ 解答〈36〉ページ

問題 **12-7** 不渡り　★★★　　　　　理解度チェック ☐☐☐

次の取引を仕訳しなさい。

(1) かねて取引銀行で割り引いていた手形150,000円が不渡りとなったので，同額の小切手を振り出して買い戻した。なお，遡求義務の記帳は対照勘定法によっている。

(2) かねて取引銀行で割り引いていた手形60,000円が不渡りとなったので，同額の小切手を振り出して買い戻した。なお，遡求義務の記帳は評価勘定法によっている。

◀ **解答欄** ▶---

	借　方　科　目	金　　額	貸　方　科　目	金　　額
(1)				
(2)				

☞ 解答〈36〉ページ

問題 **12-8** 不渡り　★★★　　　　　理解度チェック ☐☐☐

次の取引を仕訳しなさい。

(1) 関東建設は，関西商店振り出し，九州商店裏書きの約束手形500,000円について，満期日に取引銀行を通じて取り立てを依頼したところ，支払いを拒絶されたので，九州商店に対し手形代金の支払いを請求した。なお，この請求にあたり拒絶証書作成等の費用15,000円を現金で支払った。

(2) かねて裏書きに付した手形に関して，支払人が支払いを拒絶したため遡求を受け，手形金額200,000円，拒絶証書作成費その他2,500円，延滞利息100円，合計202,600円を小切手を振り出して支払った。なお，遡求義務は評価勘定を用いて処理している。

◀ **解答欄** ▶---

	借　方　科　目	金　　額	貸　方　科　目	金　　額
(1)				
(2)				

☞ 解答〈36〉ページ

次の取引を両者の立場から仕訳しなさい。

(1) 九州工務店は，かねてより所有する約束手形500,000円につき，振出人静岡建設より更改の申し込みを受け，同意した。そこで新手形と旧手形を交換した。ただし利息12,000円については同店振り出しの小切手で受け取った。

(2) 沖縄工務店は所有する約束手形300,000円につき，振出人大分建設より更改の申し込みを受け，同意した。なお利息4,000円については新手形の額面金額に含めるものとし，旧手形と交換した。

◀ 解答欄 ▶━━━━━━━━━━━━━━━━━━━━━━━━━━━━━━━━━━━━━━

		借 方 科 目	金 額	貸 方 科 目	金 額
(1)	九州				
	静岡				
(2)	沖縄				
	大分				

☞ 解答〈36〉ページ

問題 **12−10** 営業外手形　★★★

理解度チェック

次の取引を仕訳しなさい。

(1) 店舗を拡張するため建物3,000,000円を購入し，代金のうち400,000円は小切手を振り出して支払い，残額は約束手形を振り出して支払った。

(2) 資材置場として利用していた土地（帳簿価額1,800,000円）を2,250,000円で売却し，代金は約束手形で受け取った。

◀ 解答欄 ▶--

	借　方　科　目	金　　額	貸　方　科　目	金　　額
(1)				
(2)				

☞ 解答〈37〉ページ

テーマ*13* 株式の発行

問題 13-1 発行（設立） ★★☆

理解度チェック ☐ ☐ ☐

次の取引を仕訳しなさい。

(1) 株式会社の設立にあたり，株式1,000株を1株80,000円で発行し，払込金額を当座預金とした。

(2) 株式会社の設立にあたり，株式1,000株を1株90,000円で発行し，払込金額を当座預金とした。ただし，会社法の規定する最低額を資本に組み入れることとした。

(3) 株式会社の設立にあたり，株式100株を1株120,000円で発行し，払込金額を当座預金とした。ただし，会社法の規定する最低額を資本に組み入れる。

◀ 解答欄 ▶ ╍╍╍╍╍╍╍╍╍╍╍╍╍╍╍╍╍╍╍╍╍╍╍╍╍╍╍╍╍╍╍╍╍

	借 方 科 目	金 額	貸 方 科 目	金 額
(1)				
(2)				
(3)				

☞ 解答〈38〉ページ

問題 13-2 発行（設立）と発行費用　★★★　理解度チェック □□□

次の取引を仕訳しなさい。

(1) 会社の設立にあたって，株式1,000株を1株あたり70,000円で発行し，払込金額を当座預金とした。なお，発行費用80,000円は現金で支払った。また会社法に規定する最低限度を資本金とした。

(2) 会社設立に際し，株式総数4,000株のうち株式1,000株を80,000円で発行し，払込金額を当座預金とした。なお，資本金には払込金額のうち会社法で認められる最低額を組み入れることとした。また，株式発行のための費用250,000円は現金で支払った。

◀ 解答欄 ▶

借　方　科　目	金　額	貸　方　科　目	金　額
(1)			
(2)			

☞ 解答〈38〉ページ

問題 13-3 発行（設立）　★★★　理解度チェック □□□

次の　　　に入る金額を計算しなさい。

会社設立にあたり，授権株式数3,000株，1株あたりの払込金額12,000円とした。このとき，発行株式数および払込金額の資本金組入額を，会社法が定める必要最低限とした場合，資本準備金組入額は　　　円である。

◀ 解答欄 ▶

　　　　　円

☞ 解答〈38〉ページ

発行（増資） ★★☆

次の取引を仕訳しなさい。

(1) 増資に際し，株式100株を1株60,000円で発行し，払込金額を当座預金とした。

(2) 増資に際し，株式100株を1株80,000円で発行し，払込金額を当座預金とした。ただし，会社法の規定する最低額を資本金に組み入れる。

◀ 解答欄 ▶

	借 方 科 目	金 額	貸 方 科 目	金 額
(1)				
(2)				

☞ 解答〈39〉ページ

問題 13-5 発行（増資）と発行費用 ★★★ 理解度チェック

次の取引を仕訳しなさい。

(1) 新株式300株を1株あたり85,000円で発行し，払込金額は当座預金とした。なお，会社法に規定する最低額を資本金とする。また，新株式の発行費用720,000円は現金で支払った。

(2) 新株式2,000株を1株68,000円で発行し，払込金額は当座預金とした。なお，払込金額のうち会社法で認められる最低額を資本金に組み入れることとした。また，新株式の発行費用1,200,000円は現金で支払った。

◀ 解答欄 ▶

	借 方 科 目	金 額	貸 方 科 目	金 額
(1)				
(2)				

☞ 解答〈39〉ページ

問題 **13-6** 株主資本の計数の変動　★★☆　　　　理解度チェック ☐☐☐

次の取引を仕訳しなさい。

(1) 横浜建設株式会社は資本準備金800,000円を資本金に組み入れることを株主総会で決議し，その効力が生じた。

(2) 資本準備金1,000,000円をその他資本剰余金とすることを株主総会で決議した。

◀ 解答欄 ▶ •••

	借 方 科 目	金 額	貸 方 科 目	金 額
(1)				
(2)				

☞ 解答〈39〉ページ

問題 **13-7** 申込証拠金　★★★　　　　理解度チェック ☐☐☐

次の一連の取引を仕訳しなさい。

(1) 東京建設株式会社は取締役会の決議により，未発行株式のうち株式2,000株を1株あたり60,000円で募集し，申込期日までに全株数が申し込まれ，払込金額の全額を申込証拠金として受け入れ，別段預金とした。

(2) 同社は，上記の申込証拠金をもって払込金に充当し，払込期日に資本金に振り替え，同時に別段預金を当座預金に預け入れた。なお，資本金には払込金額のうち会社法で認められる最低額を組み入れることとした。

◀ 解答欄 ▶ •••

	借 方 科 目	金 額	貸 方 科 目	金 額
(1)				
(2)				

☞ 解答〈39〉ページ

テーマ*14* 剰余金の配当と処分・合併と事業譲渡

問題 **14-1** 剰余金の処分 ★★★

理解度チェック □ □ □

次の一連の取引を仕訳しなさい。

(1) 令和×4年5月25日の株主総会において，繰越利益剰余金を以下のように処分する決定がなされた。

> 利益準備金 会社法が規定する積立額 株主配当金 90,000円
>
> 別途積立金 20,000円

(2) 令和×5年3月31日，第2期決算において，当期純利益180,000円を繰越利益剰余金へ振り替えた。

◀ 解答欄 ▶ --

	借 方 科 目	金 額	貸 方 科 目	金 額
(1)				
(2)				

☞ 解答〈40〉ページ

問題 14-2 剰余金の配当および処分 ★★★　　　　　理解度チェック ☐ ☐ ☐

次の各取引を仕訳しなさい。

(1) 次の損益勘定はA社における諸勘定の締め切り後の記入を示している。よって，損益勘定を締め切り，当期純損益を繰越利益剰余金勘定に振り替えた。

損		益	
完 成 工 事 原 価	100,000	完 成 工 事 高	228,000
一 般 管 理 費	20,000	受 取 利 息	15,000
営 業 費	10,000		
支 払 利 息	3,000		
法人税, 住民税及び事業税	44,000		

繰越利益剰余金	
前 期 繰 越	16,000

(2) B社は株主総会において，繰越利益剰余金を次のように処分することを決定した。

利益準備金　　45,000円　　　　株主配当金　　450,000円

別途積立金　100,000円

◀ 解答欄 ▶━━

	借 方 科 目	金 額	貸 方 科 目	金 額
(1)				
(2)				

☞ 解答〈40〉ページ

次の取引を仕訳しなさい。

(1) 大阪土木は株主総会において，繰越利益剰余金について次のとおりの処分を決議した。なお，同社の資本金は50,000,000円であり，すでに6,000,000円の資本準備金と4,000,000円の利益準備金が積み立てられている。

　　　　利益準備金　　　会社法規定の積立額　　　　別途積立金　　　5,000,000円
　　　　配当金（全額現金配当）　10,000,000円

(2) 東京建設は株主総会において，繰越利益剰余金について次のとおりの処分を決議した。なお，同社の資本金は40,000,000円であり，すでに5,000,000円の資本準備金と4,600,000円の利益準備金が積み立てられている。

　　　　利益準備金　　　会社法規定の積立額　　　　株主配当金　　　6,000,000円
　　　　別途積立金　　　　4,000,000円

◀ 解答欄 ▶

	借　方　科　目	金　　額	貸　方　科　目	金　　額
(1)				
(2)				

☞ 解答〈40〉ページ

問題 **14-4** 損失の処理　★★☆　　　　　　　　理解度チェック □□□

次の取引を仕訳しなさい。

(1)　株主総会（令和×4年6月30日）において，別途積立金3,200,000円を取り崩して，欠損金をてん補した。

(2)　第10期決算（令和×4年3月31日）にあたり，当期純損失3,000,000円を計上した。

◀ 解答欄 ▶--

	借　方　科　目	金　　額	貸　方　科　目	金　　額
(1)				
(2)				

☞ 解答〈40〉ページ

問題 **14-5** 損失の処理　★★☆　　　　　　　　理解度チェック □□□

次の取引を仕訳しなさい。

(1)　東京建設株式会社は第20期決算において，当期純利益3,000,000円を計上した。ただし，前期の損失1,800,000円が残っている。

(2)　関西建設株式会社は第30期決算において，当期純損失1,500,000円を計上した。ただし，前期の利益500,000円が残っている。

(3)　東北建設株式会社は株主総会において，別途積立金1,500,000円を取り崩して欠損をてん補することが承認された。

◀ 解答欄 ▶--

	借　方　科　目	金　　額	貸　方　科　目	金　　額
(1)				
(2)				
(3)				

☞ 解答〈41〉ページ

剰余金の配当および処分　★★☆　　理解度チェック

　令和×4年5月25日，株主総会において，繰越利益剰余金を以下のように処分する決定がなされた。よって，繰越利益剰余金勘定への記入を行いなさい。

　　利益準備金　　　85,000円　　　株主配当金　　　850,000円
　　新築積立金　　　250,000円　　　別途積立金　　　65,000円

◀ 解答欄 ▶━━

繰 越 利 益 剰 余 金

日 付	摘　要	借　方	日 付	摘　要	貸　方
			4 1	前 期 繰 越	1,500,000

☞ 解答〈41〉ページ

問題 14-7 損失の処理　★★☆　　理解度チェック

　東北建築株式会社は株主総会（令和×6年11月25日）において，欠損てん補のため別途積立金1,500,000円，利益準備金600,000円の減少を決議し，その効力が生じた。よって，繰越利益剰余金勘定の記入を行いなさい。

◀ 解答欄 ▶━━

繰 越 利 益 剰 余 金

日 付	摘　要	借　方	日 付	摘　要	貸　方
9 1	前 期 繰 越	2,300,000			

☞ 解答〈41〉ページ

問題 **14-8** 中間配当 ★☆☆　　　理解度チェック □□□

次の取引を仕訳しなさい。
(1) 取締役会の決議により, 中間配当180,000円と利益準備金18,000円の積み立てを決定した。
(2) 上記中間配当につき, 小切手を振り出して支払った。

◀ 解答欄 ▶---

	借 方 科 目	金 額	貸 方 科 目	金 額
(1)				
(2)				

☞ 解答〈41〉ページ

問題 **14-9** 合 併 ★☆☆　　　理解度チェック □□□

　A社はB社を吸収合併した。A社はB社の株主に対して新株（資本金組入額160,000円）を交付した。合併直前のB社の資産・負債の公正な価値は諸資産450,000円, 諸負債は300,000円である。
　なお, A社株式の時価（公正な価値）は160,000円であり, B社の取得に伴う取得原価はA社株式の時価を用いるものとする。

◀ 解答欄 ▶---

借 方 科 目	金 額	貸 方 科 目	金 額

☞ 解答〈41〉ページ

問題 14-10 合　併 ★☆☆

　A社はB社を吸収合併した。A社はB社の株主に対して新株（資本金組入額100,000円）を交付した。合併直前のB社の資産・負債の公正な価値は諸資産450,000円，諸負債は300,000円である。

　なお，A社株式の時価（公正な価値）は160,000円であり，B社の取得に伴う取得原価はA社株式の時価を用いるものとする。

◀ 解答欄 ▶ ┄┄┄

借　方　科　目	金　　額	貸　方　科　目	金　　額

☞ 解答〈41〉ページ

テーマ15 固定資産と繰延資産

問題 15-1 購　入 ★★★

次の取引を仕訳しなさい。

(1)　新潟建設は資材置場用に土地を購入し，購入代金8,500,000円のほかに，仲介手数料250,000円，登記料90,000円を合わせて小切手を振り出して支払った。

(2)　長岡土木はブルドーザ5,000,000円を1台買い入れ，代金は約束手形を振り出して支払った。なお，引取運賃等の付随費用80,000円は小切手を振り出して支払った。

◀ 解答欄 ▶

	借　方　科　目	金　　額	貸　方　科　目	金　　額
(1)				
(2)				

☞ 解答〈42〉ページ

問題 15-2 自家建設 ★★★

次の取引を仕訳しなさい。

(1)　自社ビルを自家建設した。これに要した製造原価は，材料3,600,000円，労務費5,200,000円，経費2,800,000円である。

(2)　自社ビルを自家建設し，そのために材料2,500,000円，賃金4,300,000円，諸経費1,900,000円を消費した。このほかに登記料250,000円を小切手を振り出して支払った。

	借 方 科 目	金 額	貸 方 科 目	金 額
(1)				
(2)				

☞ 解答〈42〉ページ

問題 15-3 交 換 ★★★

次の取引を仕訳しなさい。

(1) 自己所有の建物（簿価1,800,000円，時価3,200,000円）と甲社所有の建物（簿価1,500,000円，時価3,200,000円）を交換した。

(2) 岡山建設は，自己所有の土地（帳簿価額1,600,000円，時価20,000,000円）とB社所有の土地（帳簿価額5,300,000円，時価21,000,000円）を交換し，交換差金1,000,000円は小切手を振り出して支払った。

(3) 当社所有の備品（取得原価3,000,000円，減価償却累計額1,800,000円，時価1,400,000円）とC社所有の備品（時価1,400,000円）を交換した。

◀ 解答欄 ▶ •••

	借 方 科 目	金 額	貸 方 科 目	金 額
(1)				
(2)				
(3)				

☞ 解答〈42〉ページ

問題 15-4 いろいろな形態による取得 ★★★　　理解度チェック

次の取引を仕訳しなさい。

(1) 土地を買い入れ，代金8,000,000円を小切手を振り出して支払った。なお，仲介手数料240,000円と登記料350,000円を現金で支払った。

(2) 東京建設は本社ビルを自家建設し，そのために材料4,800,000円，賃金5,700,000円，諸経費2,800,000円を消費した。また登記料500,000円は小切手を振り出して支払った。

(3) 京都土木は，簿価13,000,000円（時価45,000,000円）の土地をA社所有の土地（簿価9,000,000円，時価45,000,000円）と交換した。

◀ 解答欄 ▶

	借　方　科　目	金　　額	貸　方　科　目	金　　額
(1)				
(2)				
(3)				

☞ 解答〈42〉ページ

減価償却費（定額法と定率法） ★★★ 　理解度チェック □□□

次の固定資産につき定額法と定率法により減価償却費を計算しなさい（いずれも当期首に取得）。なお，定率法は当期と翌期の2期分を計算すること（円未満切り捨て）。

	取得原価	残存価額	耐用年数	定率法償却率
建　物	5,000,000円	取得原価の10%	20年	0.109
車　両	800,000円	〃	10年	0.206
備　品	500,000円	〃	5年	0.369

◀ 解答欄 ▶--

(単位：円)

	定　額　法	定　率　法	
		当　期	翌　期
建　　物			
車　　両			
備　　品			

☞ 解答〈42〉ページ

減価償却費（生産高比例法） ★★★ 　理解度チェック □□□

次の資料により，生産高比例法で第1年度から第3年度の減価償却費を計算しなさい。

なお，取得原価は500,000円，見積走行距離は20万kmである。また，残存価額は取得原価の10%であり，各年度の走行距離は次のとおりである。

(1) 第1年目　16,000km
(2) 第2年目　22,000km
(3) 第3年目　21,000km

◀ 解答欄 ▶--

(1)	円	(2)	円	(3)	円

☞ 解答〈43〉ページ

問題 **15-7** 減価償却費　★★★　　　　　　理解度チェック

当社は送電線の付設用に，自家用航空機を所有しているが，次の資料にもとづき，解答欄に示されている各減価償却方法にしたがい当期末（当期は第9期）の減価償却費を計算しなさい（円未満切り捨て）。

（資　料）

(1) 取 得 原 価	600,000,000円	(5) 当 期 飛 行 時 間	1,850時間	
(2) 耐 用 年 数	5年	(6) 定 率 法 償 却 率	0.369	
(3) 残 存 価 額	10%	(7) 事 業 供 用 日	第7期　期首	
(4) 総飛行可能時間	10,000時間			

◀解答欄▶

減価償却方法の名称	減価償却費の金額
定　　　額　　　法	円
定　　　率　　　法	円
生 産 高 比 例 法	円

☞解答〈43〉ページ

問題 **15-8** 記帳方法　★★★　　　　　　理解度チェック

次の取引を仕訳しなさい。

(1) 期中に取得した建物10,000,000円につき減価償却を定額法で行う。取得日　令和×8年6月1日，決算日　令和×8年12月31日，残存価額10%，耐用年数25年，間接法。

(2) 期中に取得した車両4,000,000円につき減価償却を定率法で行う。取得日　令和×8年8月1日，決算日　令和×9年3月31日，償却率0.438，直接法。

◀解答欄▶

	借 方 科 目	金 額	貸 方 科 目	金 額
(1)				
(2)				

☞解答〈43〉ページ

次の取引を仕訳しなさい。

(1) 大阪建設株式会社（年1回，9月末日決算）は令和×5年10月2日に取得した建物（取得原価8,000,000円）を本日（令和×8年10月2日）売却し，手取金6,450,000円は先方振り出しの小切手で受け取り，直ちに当座預金とした。なおこの建物は耐用年数30年，残存価額は取得原価の10％，償却方法は定額法で，間接法により減価償却を行ってきた（令和×8年10月分の減価償却費は計上しない）。

(2) 東京建設株式会社は所有する車両（取得原価800,000円）を令和×8年4月2日に500,000円で売却し，売却代金を小切手で受け取った。この車両は令和×6年4月1日に購入しており，定率法，償却率20％で減価償却を行ってきた。なお同社の決算日は3月31日であり，減価償却費の処理は直接法を採用している（令和×8年4月分の減価償却費は計上しない）。

◀ 解答欄 ▶ ━━━━━━━━━━━━━━━━━━━━━━━━━━━━━━━━━━━━

	借 方 科 目	金 額	貸 方 科 目	金 額
(1)				
(2)				

☞ 解答〈43〉ページ

問題 15-10 売　却 ★★★

次の取引を仕訳しなさい。

(1) 奈良建設株式会社（年1回，3月末日決算）は令和×2年4月2日に購入した備品を令和×8年7月25日に180,000円で売却し，手取金は月末に受け取ることとした。なお，この備品の取得原価は600,000円で，減価償却は定額法，残存価額は取得原価の10%，耐用年数8年で間接法により行われてきた（減価償却費は月割計算で行うこと）。

(2) 水戸建設株式会社（年1回，3月末日決算）は令和×6年4月2日に購入した車両を令和×8年7月12日に900,000円で売却し，手取金は月末に受け取ることとした。なお，この車両の取得原価は2,500,000円で，減価償却は定率法，償却率0.369で直接法により行われてきた（減価償却費は月割計算で行うこと。円未満は切り捨て）。

◀ 解答欄 ▶

	借　方　科　目	金　　　額	貸　方　科　目	金　　　額
(1)				
(2)				

☞ 解答〈44〉ページ

次の取引について仕訳しなさい。

(1) 横浜建設（年1回3月末日決算）は，令和×3年4月1日に取得した備品（取得原価800,000円）を令和×7年4月1日に除却し，除却費30,000円を現金で支払った。なお，除却した備品の処分価値は150,000円と見積られた。この備品は残存価額を取得原価の10％，耐用年数5年，定額法で償却し，間接法で記帳している。

(2) 池袋工業（年1回3月末日決算）は，令和×5年10月1日に取得した車両（取得原価1,000,000円）を令和×7年3月31日に廃棄し，廃棄のための費用として50,000円を小切手を振り出して支払った。この車両は定率法（償却率20％）で償却し，間接法で記帳されており，当期首まで適正に処理されている。

◀ 解答欄 ▶

	借 方 科 目	金 額	貸 方 科 目	金 額
(1)				
(2)				

☞ 解答〈44〉ページ

下記の機械装置を当期首に事業に供し，総合償却を実施することとした。総合償却の耐用年数を求めなさい。なお，残存価額は取得原価の10％とし，平均耐用年数は1年未満を切り捨てること。

A機械装置	取得原価	500,000円	耐用年数	5年
B機械装置	取得原価	900,000円	耐用年数	6年
C機械装置	取得原価	800,000円	耐用年数	8年

◀ 解答欄 ▶

平均耐用年数	年

☞ 解答〈45〉ページ

問題 **15-13** **総合償却** ★★★ 　　理解度チェック ☐☐☐

　次のように構成されている機械装置について，一括して減価償却を行うときの平均耐用年数を計算しなさい。なお，残存価額は取得原価の10％とし，平均耐用年数は1年未満を切り捨てること。

	耐用年数	数　量	取得原価
A機械装置	6年	3台	@400,000円
B機械装置	5年	4台	@350,000円
C機械装置	8年	2台	@600,000円

◀ 解答欄 ▶--

平均耐用年数	年

☞解答〈45〉ページ

問題 **15-14** **資本的支出と収益的支出** ★★★ 　　理解度チェック ☐☐☐

　次の取引を仕訳しなさい。
(1)　本社建物の補修工事を行い，その代金730,000円を小切手を振り出して支払った。この支出のうち550,000円は改良費と認め，残りを修繕維持費として処理する。
(2)　本店の建物内の改造工事を行い，この費用2,300,000円は小切手を振り出して支払った。なお，このうち350,000円は修繕費用と見積られる。

◀ 解答欄 ▶--

	借　方　科　目	金　額	貸　方　科　目	金　額
(1)				
(2)				

☞解答〈45〉ページ

理解度チェック ☐ ☐ ☐

次の取引を仕訳しなさい。

(1) 山梨建設株式会社は本社社屋の外注契約を行い，建設にあたり手付金2,000,000円を現金で支払った。

(2) 同社は本社社屋が完成し，引き渡しを受けた（契約金額13,000,000円）。なお，引き渡しを受けたときの建設仮勘定残高は7,500,000円で，残額は約束手形を振り出して支払った。

◀ 解答欄 ▶---

	借 方 科 目	金 額	貸 方 科 目	金 額
(1)				
(2)				

☞ 解答〈45〉ページ

問題 15-16 建設仮勘定 ★★★

理解度チェック ☐ ☐ ☐

次の一連の取引の仕訳を示しなさい。材料は材料勘定で処理する。

(1) 盛岡建設株式会社は，本社社屋の新築のため外注工事を契約し，2,000,000円を小切手を振り出して支払った。

(2) 同社は，上記の工事に対して，主要材料1,200,000円を自社の在庫より払い出して渡した。

(3) 上記の工事が完成して引き渡しを受け，契約代金の未払分のうち1,000,000円は小切手を振り出して支払い，残り6,000,000円は約束手形を振り出して支払った。

(4) 同社は，この建物を登記し，登記料300,000円を現金で支払った。

◀ 解答欄 ▶

	借 方 科 目	金 額
(1)		
(2)		
(3)		
(4)		

問題 15-17 取得原価の推定と交換 ★★☆   理解度チ

次の │ │ に入る正しい金額を計算しなさい。

(1) 前期の期首に │ │ 円で取得した機械装置について，定額法（耐用年数5年，残
で償却を行ってきたが，当期末に1,000,000円で売却し，100,000円の売却益を計上した

(2) 取得原価2,000,000円，残存価額ゼロ，耐用年数5年の車両を定額法で償却してきたか
て2年経過後の3年度目期首に他社の車両と交換した。交換に際して現金50,000円を支払っ
交換により取得した車両の取得原価は │ │ 円である。

(3) 当期首に，自社の車両（取得原価3,000,000円，期首の減価償却累計額1,200,000円）と他社
両を交換し，交換差金200,000円を支払った。交換により取得した車両について，定額法（耐用年
数5年，残存価額ゼロ）で償却すれば，当期の減価償却費 │ │ 円である。

◀ 解答欄 ▶

(1)	円	(2)	円	(3)	円

☞ 解答〈46〉ページ

当期は4月1日から3月31日までの1年間であり，下記の資料により，決算で行う償却の仕訳を示しなさい。なお，仕訳なしのときは「仕訳不要」と借方科目欄に記入すること。

（資　料）

1. 　　　　　　　　決算整理前試算表（一部）

特 許 権	2,592,000
借 地 権	5,700,000
の れ ん	200,000

2．決算整理

(1) 特許権は当期の6月1日に取得したもので8年間で償却する。

(2) 借地権は当期に土地賃借のために支払った権利金である。

(3) のれんは当期の4月1日に呉工務店を吸収合併した際に計上したもので，20年間で償却する。

◀ 解答欄 ▶--

	借 方 科 目	金 額	貸 方 科 目	金 額
(1)				
(2)				
(3)				

☞ 解答 〈46〉ページ

問題 **15-19** 長期前払費用　★★★　　　　　　　理解度チェック ☐ ☐ ☐

次の一連の取引を仕訳しなさい。

(1) 山梨建設は当期の8月1日に三重物流株式会社から同社所有の土地を資材置場として3年間借り受ける契約を結び，同地代4,500,000円（全額）を小切手を振り出して支払った。

(2) 決算につき前払分を繰り延べる（決算3月末，年1回）。

◀ 解答欄 ▶---

	借　方　科　目	金　　額	貸　方　科　目	金　　額
(1)				
(2)				

☞ 解答〈46〉ページ

次の資料により，貸借対照表に記載される科目および金額を求めなさい。なお，当社の会計期間は令和×7年4月1日から令和×8年3月31日までである。

（資料1）諸勘定残高の一部

現　　　　金	5,800,000円	預　　　　金	68,500,000円
受　取　手　形	198,000,000円	完成工事未収入金	225,000,000円
有　価　証　券	18,500,000円	貯　蔵　品	600,000円
未成工事支出金	17,000,000円	貸　付　金	42,000,000円
前　払　費　用	2,100,000円		

（資料2）

1．預金の内訳は次のとおりである。

(1) 普通預金　2,500,000円

(2) 当座預金　36,000,000円

(3) 定期預金　30,000,000円（満期日は令和×9年11月30日）

2．受取手形のうちには，固定資産の売却により受け取ったもの12,000,000円（手形期日は令和×10年1月30日）が含まれている。

3．完成工事未収入金のうちには，令和×9年4月1日以降入金予定のもの16,000,000円が含まれている。

4．有価証券のうちには，投資有価証券11,000,000円が含まれている。

5．貸付金のうち2,800,000円は得意先長野商事に対するものであり，返済期限は令和×9年8月末である。

6．前払費用は翌期首以降2年分の地代の前払額である。

◀ 解答欄 ▶--

（単位：千円）

科　　　　目	金　　額
現 金 及 び 預 金	（　　　　　　）
受　取　手　形	（　　　　　　）
完 成 工 事 未 収 入 金	（　　　　　　）
有　価　証　券	（　　　　　　）
未 成 工 事 支 出 金	（　　　　　　）
貯　　蔵　　品	（　　　　　　）
短　期　貸　付　金	（　　　　　　）
前　払　費　用	（　　　　　　）
投 資 有 価 証 券	（　　　　　　）
長　期　貸　付　金	（　　　　　　）
長 期 前 払 費 用	（　　　　　　）
長　期　預　金	（　　　　　　）
（　　　　　　）	（　　　　　　）

☞ 解答〈47〉ページ

問題 **15－21** 繰延資産の償却　★☆☆　　　　　　理解度チェック

次の取引を仕訳しなさい。

(1)　創立費（繰延資産）400,000円について，決算にあたり当期分80,000円を償却した。

(2)　前期首に支出した株式交付費（繰延資産）を決算にあたり150,000円償却した。

◀ 解答欄 ▶

	借　方　科　目	金　　額	貸　方　科　目	金　　額
(1)				
(2)				

☞ 解答〈47〉ページ

次の資料(1)および(2)により，決算で行う償却時の仕訳を示し，貸借対照表に記載される金額を計算しなさい。なお，繰延資産項目は下記に示す期間で定額法により償却する（決算日令和×6年3月31日，年1回）。

（資　料）

(1)　残高諸勘定の一部（単位：円）

創　立　費　1,000,000円　　開　業　費　2,000,000円　　開　発　費　　900,000円

株式交付費　　300,000円　　社債発行費　　600,000円

(2)　各繰延資産項目の支出日は次のとおりである。

①　創　立　費　令和×1年4月1日（5年）　④　社債発行費　令和×5年4月1日（3年）

②　開　業　費　令和×2年4月1日（5年）　⑤　開　発　費　令和×3年4月1日（5年）

③　株式交付費　令和×5年4月1日（3年）

◀ 解答欄 ▶ --

	借　方　科　目	金　額	貸　方　科　目	金　額
①				
②				
③				
④				
⑤				

（単位：円）

開　業　費		開　発　費	
株式交付費		創　立　費	
社債発行費			

☞ 解答〈47〉ページ

テーマ*16* 社債・引当金・税金

問題 **16−1** 発行と発行費用　★★☆　　　　　理解度チェック □□□

次の取引を仕訳しなさい。

(1) 社債額面総額10,000,000円を額面金額100円につき98円の発行価額で発行し、払込金額を当座預金とした。なお、社債発行に要した費用120,000円は現金で支払った。

(2) 社債総額20,000,000円を@98円で発行し、手取金を当座預金とした。なお、社債の発行費300,000円を現金で支払った。

◀ **解答欄** ▶---

	借　方　科　目	金　　額	貸　方　科　目	金　　額
(1)				
(2)				

☞ 解答〈48〉ページ

問題 **16−2** 発行と利払い　★★★　　　　　理解度チェック □□□

次の取引を仕訳しなさい。

(1) 令和×1年4月1日、大阪商事株式会社は、次の条件で社債を発行し、払込金は当座預金とした。

　　社債額面総額　10,000,000円　　発行価額　額面100円につき95円

　　利率　年6％　　利払日　年2回（3月末，9月末）　　期間5年

(2) 令和×1年9月30日　社債利息を小切手を振り出して支払った。

◀ **解答欄** ▶---

	借　方　科　目	金　　額	貸　方　科　目	金　　額
(1)				
(2)				

☞ 解答〈48〉ページ

問題 16-3 償却原価法 ★★☆

理解度チェック □□□

次の取引を仕訳しなさい。

(1) 社債額面@100円，年利率6％（年2回払い），償還期限10年，総額10,000,000円，発行価額@99.50円で当期首に発行した社債について，決算日（年1回）が到来したため，払込金額と額面金額の差額（金利調整差額）を償却原価法（定額法）により償却する。また，第2回の利払日が到来したため利息を現金で支払った。

(2) 社債は令和×3年4月1日に総額10,000,000円を額面100円につき98円で発行したものである（償還期限8年）。令和×7年3月31日，決算（年1回）にあたり金利調整差額の償却を行う。なお，金利調整差額は償却原価法（定額法）により償却している。

残 高 試 算 表 （一部）

	社 債	9,875,000

◀ 解答欄 ▶ --

	借 方 科 目	金 額	貸 方 科 目	金 額
(1)				
(2)				

☞ 解答〈48〉ページ

問題 16-4 一連の取引 ★★★

理解度チェック □□□

令和×1年4月1日，大阪商事株式会社は，次の条件で社債を発行し，払込金は当座預金とした。よって下記の(1)～(4)までの取引を仕訳しなさい。なお，払込金額と額面金額の差額（金利調整差額）を償却原価法（定額法）により償却する。

社債額面総額　10,000,000円　　発行価額　額面100円につき95円
利率　年6％　　利払日　年2回（3月末，9月末）　　期間5年

(1) 令和×1年9月30日　社債利息を小切手を振り出して支払った。
(2) 令和×2年3月31日　社債利息を小切手を振り出して支払った。
(3) 令和×2年3月31日　本日決算のため金利調整差額の償却を行った。
(4) 令和×2年9月30日　社債利息を小切手を振り出して支払った。

◀ 解答欄 ▶ ┈┈┈┈┈┈┈┈┈┈┈┈┈┈┈┈┈┈┈┈┈┈┈┈┈┈┈┈┈┈┈┈┈┈┈┈┈┈

	借　方　科　目	金　　額	貸　方　科　目	金　　額
(1)				
(2)				
(3)				
(4)				

☞ 解答〈48〉ページ

問題　16-5　発行と利払い，償却　★★★　　　　理解度チェック

次の取引を仕訳しなさい。

(1) 福岡商事株式会社は，額面総額5,000,000円の社債を償還期限10年，利率年8％（年2回払い），額面100円につき98円の条件で発行し，払込金は当座預金とした。なお，社債発行のための諸費用300,000円は，現金で支払った。

(2) 上記の社債について，第1回の利息（半年分）を，小切手を振り出して支払った。

(3) 当期首に額面総額6,000,000円の社債を額面@100円につき@98.5円，償還期限10年，利率年6％（利払日は9月末と3月末）により発行していたが，本日決算日（3月末）が到来したため，払込金額と額面金額の差額（金利調整差額）と社債発行費（繰延資産）120,000円を社債の償還期限内において定額法により月割償却を行う。また，利払日であるため社債利息を現金で支払った。

◀ 解答欄 ▶ ┈┈┈┈┈┈┈┈┈┈┈┈┈┈┈┈┈┈┈┈┈┈┈┈┈┈┈┈┈┈┈┈┈┈┈┈┈┈

	借　方　科　目	金　　額	貸　方　科　目	金　　額
(1)				
(2)				
(3)				

☞ 解答〈49〉ページ

次の取引を仕訳しなさい。

(1) 東京商工株式会社は，令和×4年1月1日に額面総額5,000,000円の社債を，額面100円につき97円で発行し，全額の払い込みを受け，これを当座預金とした。なお，社債の発行費用100,000円は現金で支払った。期間5年，利息は年8％，利払日は6月末，12月末である。

(2) 東京商工株式会社は，令和×8年12月31日，上記社債が満期となったため，全額償還し最終回の利息とともに現金で支払った。なお，同日は決算日であったため，払込金額と額面金額の差額（金利調整差額）の償却（定額法），社債発行費の償却も行う。

◀ 解答欄 ▶━━━

	借 方 科 目	金 額	貸 方 科 目	金 額
(1)				
(2)				

☞ 解答〈49〉ページ

問題 16-7　買入償還　★★★

次の取引を仕訳しなさい。

(1)　令和×6年4月1日に額面10,000,000円の社債を発行価額，額面100円につき96円，償還期限5年の条件で発行したが，令和×8年4月1日に全額を9,700,000円で買入償還し，代金は小切手を振り出して支払った。また，払込金額と額面金額の差額（金利調整差額）は2年目末まで償却してある（会計年度は4月1日から1年）。

(2)　令和×5年4月1日に額面10,000,000円の社債を以下の条件で発行したが，令和×8年4月1日に5,000,000円を額面100円当たり98円で買入償還し，代金は小切手を振り出して支払った。また，払込金額と額面金額の差額（金利調整差額）は3年目末まで償却してある（会計年度は4月1日から1年とする）。なお，発行価額は額面100円あたり93円，償還期限は7年である。

◀ 解答欄 ▶

借　方　科　目	金　　額	貸　方　科　目	金　　額
(1)			
(2)			

☞ 解答〈49〉ページ

問題 16-8　買入償還　★★★

次の〔　　　〕に入る金額を計算しなさい。

東京建設株式会社は，令和×2年4月1日に額面総額20,000,000円（償還期限5年，利率年1％，利払日9月30日と3月31日の年2回）の社債を額面100円につき96円で発行し，全額の払い込みを受けて当座預金とした。この社債を償却原価法（定額法）により処理していた場合，令和×4年4月1日に社債10,000,000円を額面100円につき99円で買入償還したときに計上される社債償還損の金額は〔　　　〕円である。なお，決算日は3月31日とする。

◀ 解答欄 ▶

〔　　　　　　　〕円

☞ 解答〈50〉ページ

問題 16-9 貸倒引当金 ★★★

理解度チェック

次の取引を仕訳しなさい。

(1) 受取手形100,000円，完成工事未収入金80,000円の期末残高合計額に対し2％の貸倒れを見積る。貸倒引当金の残高は3,200円である。処理方法は差額補充法による。

(2) 受取手形50,000円，完成工事未収入金100,000円の期末残高合計額に対し2％の貸倒れを見積る。貸倒引当金の残高は2,500円である。処理方法は差額補充法による。

(3) 前期の決算で，滞留していた完成工事未収入金750,000円に対して，50％の貸倒引当金を設定していたが，当期において300,000円が当座預金に振り込まれ，残額は貸倒れとなった。

◀ 解答欄 ▶

	借 方 科 目	金 額	貸 方 科 目	金 額
(1)				
(2)				
(3)				

☞ 解答〈50〉ページ

問題 16-10 貸倒引当金 ★★★

理解度チェック

次の資料により，受取手形，完成工事未収入金の残高合計額に対し2％の貸倒引当金を見積った場合の仕訳を差額補充法により示しなさい。

(資 料)

残高試算表（一部）

受 取 手 形	3,200,000	貸 倒 引 当 金	106,500
完成工事未収入金	5,150,000		

◀ 解答欄 ▶

借 方 科 目	金 額	貸 方 科 目	金 額

☞ 解答〈50〉ページ

問題 16-11 貸倒引当金 ★★★ 理解度チェック □□□

次の [　　　] に入る金額を計算しなさい。

前期末に貸倒引当金100,000円が設定されていた。当期に，前期の完成工事高に係る完成工事未収入金55,000円と，当期の完成工事高に係る完成工事未収入金35,000円が貸倒れとなった。当期末の売上債権残高6,600,000円に対して 2 ％の貸倒れが見積もられるとき，差額補充法で処理するならば，貸倒引当金繰入額は，[　　　] 円である。

◀ 解答欄 ▶‥‥‥‥‥‥‥‥‥‥‥‥‥‥‥‥‥‥‥‥‥‥‥‥‥‥‥‥‥‥‥‥‥‥

[　　　　　　] 円

☞ 解答 〈51〉 ページ

問題 16-12 完成工事補償引当金 ★★★ 理解度チェック □□□

次の取引を仕訳しなさい。なお，材料は材料勘定で処理する。

(1) 決算にあたり，完成工事高12,000,000円に対して 2 ％の完成工事補償引当金を差額補充法により計上する。なお，同勘定の期末残高は180,000円であった。

(2) 前期に引き渡した建物に欠陥があったため，補修工事を行った。この補修工事に係る支出は，手持ちの材料の出庫230,000円と外注工事代70,000円（代金は小切手払い）であった。なお，完成工事補償引当金の残高は450,000円である。

(3) 過年度に完成，引き渡しをした建物の補修を行った。補修に係る支出額680,000円を約束手形で支払った。なお，前期決算において完成工事補償引当金880,000円を計上している。

◀ 解答欄 ▶‥‥‥‥‥‥‥‥‥‥‥‥‥‥‥‥‥‥‥‥‥‥‥‥‥‥‥‥‥‥‥‥‥‥

	借 方 科 目	金 額	貸 方 科 目	金 額
(1)				
(2)				
(3)				

☞ 解答 〈51〉 ページ

次の取引を仕訳しなさい。

(1) 決算にあたり，退職給付引当金1,860,000円（直接作業員分1,100,000円，本社事務職員分760,000円）を計上した。なお，直接作業員分は工事原価（未成工事支出金）に算入するものとし，本社事務職員分は販売費及び一般管理費とする。

(2) 従業員東京太郎が退職したので退職金5,000,000円を現金で支払った。なお，同従業員について前期末までに引き当てられた退職給付の要支給額は8,000,000円であった。

◀ 解答欄 ▶--

	借 方 科 目	金 額	貸 方 科 目	金 額
(1)				
(2)				

☞ 解答〈51〉ページ

次の一連の取引を仕訳しなさい。

(1) 九州建築は，決算にあたり，機械の修繕費として当期負担分の850,000円を見積計上した。なお，この見積分は工事原価（未成工事支出金）に算入する。

(2) 九州建築は，次期に機械の修繕を行い，修繕費1,400,000円を小切手を振り出して支払った。なお，前期末の見積計上額850,000円はすべて取り崩した。

◀ 解答欄 ▶--

	借 方 科 目	金 額	貸 方 科 目	金 額
(1)				
(2)				

☞ 解答〈51〉ページ

問題 **16-15** 租税公課　★★☆　　　　　　　理解度チェック □□□

次の取引を仕訳しなさい。

(1) 固定資産税180,000円について納税通知書を受け取るとともに，第1期分45,000円を現金で支払った。

(2) 上記の固定資産税につき，第2期分45,000円を現金で支払った。

◀ 解答欄 ▶--

	借　方　科　目	金　　額	貸　方　科　目	金　　額
(1)				
(2)				

☞ 解答〈51〉ページ

問題 **16-16** 法人税等　★★★　　　　　　　理解度チェック □□□

次の一連の取引を仕訳しなさい。

(1) 法人税，住民税及び事業税の中間申告を行い，仮払法人税等勘定に計上するとともに，この税額418,000円は小切手を振り出して支払った。

(2) 決算の結果，当期の法人税，住民税及び事業税が963,000円と計算された。確定した税額を法人税，住民税及び事業税勘定に計上するとともに，この税額から中間納付額418,000円を差し引いた残額を未払法人税等勘定に計上した。

◀ 解答欄 ▶--

	借　方　科　目	金　　額	貸　方　科　目	金　　額
(1)				
(2)				

☞ 解答〈52〉ページ

次の取引を仕訳しなさい。

(1) 決算に際して，法人税，住民税及び事業税1,230,000円を法人税，住民税及び事業税勘定に計上するとともに，この金額から中間納付額587,000円を控除した金額を未払法人税等勘定として計上した。なお，法人税，住民税及び事業税の中間納付額は仮払金勘定に記入されている。

(2) 決算に際して，法人税5,000,000円と住民税840,000円，事業税250,000円を法人税，住民税及び事業税勘定に計上するとともに，この金額から中間納付額2,700,000円（法人税2,225,000円と住民税375,000円，事業税100,000円）を控除した金額を未払法人税等勘定として計上した。なお，法人税，住民税及び事業税の中間納付額は，仮払法人税等勘定に記入されている。

◀ 解答欄 ▶ ━━━━━━━━━━━━━━━━━━━━━━━━━━━━━━━━━

	借 方 科 目	金 額	貸 方 科 目	金 額
(1)				
(2)				

☞ 解答〈52〉ページ

問題 **16-18** 消費税　★★★　　　　　理解度チェック ☐☐☐

次の ☐ に入る正しい金額を計算しなさい。

(1) 消費税の会計処理については税抜方式を採用している。期末における仮受消費税が132,000円で，仮払消費税が ☐ 円であるとき，未収消費税は36,400円である。

(2) 消費税の会計処理については税抜方式を採用している。期末における仮払消費税257,200円，仮受消費税が ☐ 円であるとき，未払消費税は62,400円である。

(3) 決算整理前の仮払消費税は520,000円，仮受消費税は840,000円であったが，決算整理において材料仕入300,000円（税抜）が未処理であった。当該整理事項を処理したときに，未払消費税は ☐ 円である。なお，消費税については，税抜方式を採用している。また，消費税率は10%とする。

◀ 解答欄 ▶━━━━━━━━━━━━━━━━━━━━━━━━━━━━━━━━

(1) ☐ 円

(2) ☐ 円

(3) ☐ 円

☞ 解答〈52〉ページ

テーマ17 決算と財務諸表

問題 **17-1** 精算表 ★★★ 理解度チェック □ □ □

　次の決算整理事項および付記事項にもとづいて，精算表を完成しなさい。なお，工事原価は未成工事支出金を経由して処理する方法による（会計期間は1年）。

－決算整理事項－

(1)　貸倒引当金は，差額補充法で売上債権に対して2％設定する。

(2)　有価証券は売買目的有価証券のみであり，期末時価は33,500円である。

(3)　期限の到来した公社債の利札200円が，金庫の中に保管されていた。

(4)　仮払金6,000円は従業員の安全靴購入代金の立替分である。

(5)　建設仮勘定9,100円のうちの7,500円は工事用機械の購入に係るもので，本勘定へ振り替える。
　　　ただし，同機械は翌期首から使用するものである。

(6)　減価償却費：工事現場用　機械装置……3,800円（付記事項参照）
　　　　　　　　　　一般管理部門　備　　品……定額法　耐用年数8年　残存価額は取得原価の10％
　　　　　　　　　　　　　　　　　　　　　　とする。

(7)　退職給付引当金の当期繰入額は，本社事務員について1,750円，現場作業員について2,000円である（付記事項参照）。

(8)　完成工事に係る仮設撤去費の未払分1,900円を計上する。

(9)　完成工事高に対して0.1％の完成工事補償引当金を計上する（差額補充法）。

(10)　未成工事支出金の次期繰越額は10,200円である。

(11)　販売費及び一般管理費のなかには，保険料の前払分300円が含まれており，ほかに本社事務所の家賃の未払分900円がある。

〈付記事項〉

　同社の月次原価計算において，機械装置の減価償却費については月額325円，現場作業員の退職給付引当金については月額150円の予定計算を実施している。これらの2項目については，当期の予定計上額と実際発生額（決算整理事項の(6)および(7)参照）との差額は，当期の工事原価（未成工事支出金）に加減するものとする。

◀ 解答欄 ▶・・・

精　算　表 （単位：円）

勘 定 科 目	残高試算表		整 理 記 入		損益計算書		貸借対照表	
	借　方	貸　方	借　方	貸　方	借　方	貸　方	借　方	貸　方
現 　金 　預 　金	49,150							
受 　取 　手 　形	21,000							
完成工事未収入金	29,000							
貸 倒 引 当 金		600						
有 　価 　証 　券	35,000							
未 成 工 事 支 出 金	12,600							
材 料 貯 蔵 品	5,850							
仮 　　払 　　金	6,000							
機 　械 　装 　置	30,000							
機械装置減価償却累計額		10,800						
備 　　　　　品	8,000							
備品減価償却累計額		2,700						
建 設 仮 勘 定	9,100							
支 　払 　手 　形		5,000						
工 事 未 払 金		8,600						
借 　　入 　　金		6,000						
未 成 工 事 受 入 金		6,500						
完成工事補償引当金		150						
退 職 給 付 引 当 金		15,000						
資 　　本 　　金		75,000						
利 益 準 備 金		2,500						
繰 越 利 益 剰 余 金		1,600						
完 成 工 事 高		350,000						
完 成 工 事 原 価	225,250							
販売費及び一般管理費	62,000							
受 取 利 息 配 当 金		1,800						
受 取 手 数 料		7,250						
支 　払 　利 　息	550							
	493,500	493,500						
従 業 員 立 替 金								
有 価 証 券 評 価 損								
前 払 保 険 料								
未 　払 　家 　賃								
当 期 純 利 益								

☞ 解答〈53〉ページ

次の決算整理事項および付記事項にもとづいて，精算表を完成しなさい。なお，工事原価は未成工事支出金を経由して処理する方法による（会計期間は1年）。

－決算整理事項－

(1) 貸倒引当金は，差額補充法で売上債権に対して2％設定する。

(2) 有価証券は売買目的有価証券のみであり，期末時価は67,200円である。

(3) 期限の到来した公社債の利札140円が，金庫の中に保管されていた。

(4) 仮払金12,000円は従業員の作業服購入代金の立替分である。

(5) 減価償却費：工 事 現 場 用 機械装置……5,860円（付記事項参照）

　　　　　　　　一般管理部門 備　　　品……定額法 耐用年数8年 残存価額はゼロとする。

(6) 建設仮勘定18,000円のうちの13,000円は工事用機械の購入に係るもので，本勘定へ振り替える。ただし，同機械は翌期首から使用するものである。

(7) 退職給付引当金の当期計上額は，本社事務員について3,160円，現場作業員について4,060円である（付記事項参照）。

(8) 完成工事に係る仮設撤去費の未払分3,800円を計上する。

(9) 完成工事高に対して0.1％の完成工事補償引当金を計上する（差額補充法）。

(10) 未成工事支出金の次期繰越額は20,160円である。

(11) 販売費及び一般管理費のなかには，保険料の前払分340円が含まれており，他に本社事務所の家賃の未払分400円がある。

(12) 当期の法人税，住民税及び事業税として税引前当期純利益の40％を計上する。

〈付記事項〉

　同社の月次原価計算において，機械装置の減価償却費については月額500円，現場作業員の退職給付引当金については月額320円の予定計算を実施している。これらの2項目については，当期の予定計上額と実際発生額（決算整理事項の(5)および(7)参照）との差額は，当期の工事原価（未成工事支出金）に加減するものとする。

◀ 解答欄 ▶••

精　算　表

（単位：円）

勘定科目	残高試算表		整理記入		損益計算書		貸借対照表	
	借　方	貸　方	借　方	貸　方	借　方	貸　方	借　方	貸　方
現　金　預　金	63,600							
受　取　手　形	42,000							
完成工事未収入金	58,000							
貸　倒　引　当　金		1,280						
有　価　証　券	70,000							
未　成　工　事　支　出　金	25,200							
材　料　貯　蔵　品	10,800							
仮　　払　　金	12,000							
機　械　装　置	60,000							
機械装置減価償却累計額		16,320						
備　　　　　品	16,000							
備品減価償却累計額		6,400						
建　設　仮　勘　定	18,000							
支　払　手　形		21,300						
工　事　未　払　金		17,400						
借　　入　　金		20,000						
未　成　工　事　受　入　金		13,400						
完成工事補償引当金		280						
退　職　給　付　引　当　金		30,800						
資　　本　　金		160,000						
利　益　準　備　金		4,000						
繰　越　利　益　剰　余　金		1,500						
完　成　工　事　高		680,000						
完　成　工　事　原　価	493,000							
販売費及び一般管理費	104,200							
受　取　利　息　配　当　金		3,600						
受　取　手　数　料		4,920						
支　払　利　息	8,400							
	981,200	981,200						
（　　　　　　）								
有　価　証　券　評　価　損								
（　　　）保険料								
（　　　）家　賃								
法人税, 住民税及び事業税								
未　払　法　人　税　等								
当　　期　（　　　　）								

☞ 解答〈55〉ページ

次の決算整理事項および付記事項にもとづいて，精算表を完成しなさい。なお，工事原価は未成工事支出金を経由して処理する方法による（会計期間は1年）。

－決算整理事項－

(1) 現金預金50,200円は，当座借越9,400円差引後の残高である。

(2) 現金過不足120円は，事務員に支払った交通費の記入漏れによるものである。

(3) 貸倒引当金は，差額補充法で売上債権に対して2％設定する。

(4) 有価証券は売買目的有価証券のみであり，期末時価は58,200円である。

(5) 減価償却費：工事現場用　機械装置……5,900円　ただし，月次で480円の減価償却費を毎月計上しており，当期の予定計上額と実際発生額の差額を当期の工事原価（未成工事支出金）に加減する。

　　　　　　一般管理部門　備　　品……定額法　耐用年数8年　残存価額はゼロ

(6) 仮受金2,400円は，工事請負代金の前受分である。

(7) 退職給付引当金の当期計上額は，本社事務員について3,220円，現場作業員について3,300円である。ただし，現場作業員については，月次で280円の退職給付引当金繰入額を毎月計上しており，当期の予定計上額と実際発生額の差額を当期の工事原価（未成工事支出金）に加減する。

(8) 完成工事に係る仮設撤去費の未払分3,600円を計上する。

(9) 完成工事高に対して0.1％の完成工事補償引当金を計上する（差額補充法）。

(10) 未成工事支出金の次期繰越額は27,120円である。

(11) 販売費及び一般管理費のなかには，保険料の前払分340円が含まれており，また，受取手数料のなかには，前受分1,520円が含まれている。

(12) 当期の法人税，住民税及び事業税として税引前当期純利益の40％を計上する。ただし，中間納付額が仮払金に計上されている。

◀ 解答欄 ▶ ••

精　算　表

（単位：円）

勘 定 科 目	残高試算表		整 理 記 入		損益計算書		貸借対照表	
	借　方	貸　方	借　方	貸　方	借　方	貸　方	借　方	貸　方
現 　金 　預 　金	50,200							
現 　金 　過 　不 　足	120							
受 　取 　手 　形	28,000							
完成工事未収入金	52,000							
仮 　　払 　　金	10,000							
貸 倒 引 当 金		560						
有 　価 　証 　券	62,000							
未 成 工 事 支 出 金	37,400							
材 料 貯 蔵 品	9,200							
機 　械 　装 　置	40,000							
機械装置減価償却累計額		13,600						
備 　　　　　品	16,000							
備品減価償却累計額		3,000						
支 　払 　手 　形		18,200						
工 事 未 払 金		16,800						
借 　　入 　　金		30,000						
未 成 工 事 受 入 金		15,400						
完成工事補償引当金		360						
仮 　　受 　　金		2,400						
退 職 給 付 引 当 金		27,200						
資 　　本 　　金		100,000						
利 益 準 備 金		5,000						
繰 越 利 益 剰 余 金		2,800						
完 成 工 事 高		640,000						
完 成 工 事 原 価	479,400							
販売費及び一般管理費	94,200							
受 取 利 息 配 当 金		4,000						
受 取 手 数 料		5,400						
支 　払 　利 　息	6,200							
	884,720	884,720						
有 価 証 券 評 価 損								
（　　　　　）保険料								
（　　　　　）手数料								
法人税, 住民税及び事業税								
未 払 法 人 税 等								
当 　期（　　　　）								

☞ 解答 〈57〉 ページ

117

次の東京建設株式会社の決算整理後残高試算表および付記事項にもとづいて，損益計算書，完成工事原価報告書および貸借対照表を完成しなさい。

決算整理後残高試算表

東京建設株式会社　　　　　　令和×年3月31日　　　　　　（単位：円）

現　金　預　金	458,000	支　払　手　形	255,000
受　取　手　形	300,000	工　事　未　払　金	427,000
完 成 工 事 未 収 入 金	1,450,000	未 成 工 事 受 入 金	310,500
材　料　貯　蔵　品	230,000	未　払　法　人　税　等	162,000
未 成 工 事 支 出 金	369,000	未　払　賃　借　料	6,300
前　払　保　険　料	1,500	貸　倒　引　当　金	35,000
未　収　利　息	17,000	完 成 工 事 補 償 引 当 金	9,600
機　械　装　置	1,050,000	機械装置減価償却累計額	512,400
車　両　運　搬　具	700,000	車両運搬具減価償却累計額	448,000
建　　　　　物	1,500,000	建 物 減 価 償 却 累 計 額	810,000
土　　　　　地	800,000	退　職　給　付　引　当　金	307,000
投　資　有　価　証　券	343,000	資　　本　　金	3,000,000
完　成　工　事　原　価	7,680,000	利　益　準　備　金	250,000
販 売 費 及 び 一 般 管 理 費	1,160,000	繰　越　利　益　剰　余　金	129,000
支　払　利　息	39,500	完　成　工　事　高	9,600,000
有　価　証　券　評　価　損	27,000	受　取　利　息　配　当　金	45,000
固　定　資　産　除　却　損	5,000	固　定　資　産　売　却　益	175,000
法人税，住民税及び事業税	370,000	償　却　債　権　取　立　益	18,200
	16,500,000		16,500,000

〈付記事項〉

1．当期に計上した販売費及び一般管理費の内訳は以下に示すとおりである。

役 員 報 酬	125,000円	従業員給料手当	265,000円
退職給付引当金繰入額	23,000円	法 定 福 利 費	61,500円
修 繕 維 持 費	57,000円	事 務 用 品 費	45,000円
通 信 交 通 費	25,000円	動力用水光熱費	73,000円
広 告 宣 伝 費	65,000円	貸倒引当金繰入額	35,000円
地 代 家 賃	18,800円	減 価 償 却 費	356,400円
雑 費	10,300円		

2．当期に計上した完成工事原価の内訳は，以下に示す内容である。

(1) 工事のために直接購入した素材費：3,530,000円，その他仮設材料の損耗額：46,700円

(2) 工事に従事した直接雇用の作業員に対する賃金，給料および手当：1,243,000円

(3)　工種，工程別等の工事について，素材，半製品，製品等を作業とともに提供し，これを完成
　　することを約する契約にもとづいて，下請業者に支払った額：583,000円

(4)　当期の完成工事について発生したその他の費用

動力用水光熱費	295,000円	機 械 等 経 費	347,200円
設 　 計 　 費	173,000円	労 務 管 理 費	154,800円
租 　 税 　 公 　 課	160,000円	通 信 交 通 費	40,500円
従業員給料手当	370,000円	退職給付引当金繰入額	277,300円
法 定 福 利 費	167,000円	福 利 厚 生 費	292,500円

損 益 計 算 書

東京建設株式会社	自令和△年 4 月 1 日　至令和×年 3 月31日		（単位：円）

I　完 成 工 事 高　　　　　　　　　　　　　　　　　　〔　　　　　　　〕
II　完 成 工 事 原 価　　　　　　　　　　　　　　　　　〔　　　　　　　〕
　　　　完成工事総利益　　　　　　　　　　　　　　　　〔　　　　　　　〕
III　販売費及び一般管理費
　　　役 員 報 酬　　　　　　　　　125,000
　　　従業員給料手当　　　　　〔　　　　　　　〕
　　　退職給付引当金繰入額　　〔　　　　　　　〕
　　　法 定 福 利 費　　　　　〔　　　　　　　〕
　　　修 繕 維 持 費　　　　　　57,000
　　　事 務 用 品 費　　　　　　45,000
　　　通 信 交 通 費　　　　　〔　　　　　　　〕
　　　動力用水光熱費　　　　　〔　　　　　　　〕
　　　広 告 宣 伝 費　　　　　〔　　　　　　　〕
　　　貸倒引当金繰入額　　　　〔　　　　　　　〕
　　　地 代 家 賃　　　　　　〔　　　　　　　〕
　　　減 価 償 却 費　　　　　〔　　　　　　　〕
　　　雑　　　　　費　　　　　　10,300　　　　　　　〔　　　　　　　〕
　　　　営 業 利 益　　　　　　　　　　　　　　　　　〔　　　　　　　〕
IV　営 業 外 収 益
　　　受取利息配当金　　　　　〔　　　　　　　〕　　　〔　　　　　　　〕
V　営 業 外 費 用
　　　支 払 利 息　　　　　　〔　　　　　　　〕
　　　有価証券評価損　　　　　〔　　　　　　　〕　　　〔　　　　　　　〕
　　　　経 常 利 益　　　　　　　　　　　　　　　　　〔　　　　　　　〕
VI　特 別 利 益
　　　償却債権取立益　　　　　〔　　　　　　　〕
　　　固定資産売却益　　　　　〔　　　　　　　〕　　　〔　　　　　　　〕
VII　特 別 損 失
　　　固定資産除却損　　　　　　5,000　　　　　　　　5,000
　　　　税引前当期純利益　　　　　　　　　　　　　　〔　　　　　　　〕
　　　　法人税, 住民税及び事業税　　　　　　　　　　〔　　　　　　　〕
　　　　当 期 純 利 益　　　　　　　　　　　　　　　〔　　　　　　　〕

完成工事原価報告書

東京建設株式会社	自令和△年 4 月 1 日　至令和×年 3 月31日	（単位：円）

　　　　I　材　　料　　費　　　　　　　　〔　　　　　　　〕
　　　　II　労　　務　　費　　　　　　　　〔　　　　　　　〕
　　　　III　外　　注　　費　　　　　　　　〔　　　　　　　〕
　　　　IV　経　　　　　費　　　　　　　　〔　　　　　　　〕
　　　　（うち人件費　　　〔　　　　　　〕）
　　　　　　完 成 工 事 原 価　　　　　　〔　　　　　　　〕

貸　借　対　照　表

東京建設株式会社　　　　　　　令和×年 3 月31日　　　　　　　（単位：円）

資　産　の　部

I 流 動 資 産
　　現 金 預 金　　　　　　　　　　　　　　　　　　　　〔　　　　　〕
　　受 取 手 形　　　　　　　　　　　　　　　　　　　　〔　　　　　〕
　　完成工事未収入金　　　　　　　　　　　　　　　　　　〔　　　　　〕
　　未成工事支出金　　　　　　　　　　　　　　　　　　　〔　　　　　〕
　　材 料 貯 蔵 品　　　　　　　　　　　　　　　　　　　230,000
　　前 払 費 用　　　　　　　　　　　　　　　　　　　　1,500
　　未 収 収 益　　　　　　　　　　　　　　　　　　　　〔　　　　　〕
　　貸 倒 引 当 金　　　　　　　　　　　　　　　　　　　〔△　　　　〕
　　流動資産合計　　　　　　　　　　　　　　　　　　　　〔　　　　　〕
II 固 定 資 産
（1）有形固定資産
　　建　　　　物　　　　　　　　1,500,000
　　　減価償却累計額　　　　　　△　810,000　　　　　　　690,000
　　機 械 ・ 運 搬 具　　　　　　〔　　　　　〕
　　　減価償却累計額　　　　　　〔△　　　　〕　　　　　〔　　　　　〕
　　土　　　　地　　　　　　　　　　　　　　　　　　　　〔　　　　　〕
　　　有形固定資産計　　　　　　　　　　　　　　　　　　〔　　　　　〕
（2）投資その他の資産
　　投 資 有 価 証 券　　　　　　　　　　　　　　　　　　〔　　　　　〕
　　　投資その他の資産計　　　　　　　　　　　　　　　　〔　　　　　〕
　　　固 定 資 産 合 計　　　　　　　　　　　　　　　　　〔　　　　　〕
　　　　資 産 合 計　　　　　　　　　　　　　　　　　　　〔　　　　　〕

負　債　の　部

I 流 動 負 債
　　支 払 手 形　　　　　　　　　　　　　　　　　　　　255,000
　　工 事 未 払 金　　　　　　　　　　　　　　　　　　　427,000
　　未 払 法 人 税 等　　　　　　　　　　　　　　　　　　〔　　　　　〕
　　未 払 費 用　　　　　　　　　　　　　　　　　　　　〔　　　　　〕
　　未成工事受入金　　　　　　　　　　　　　　　　　　　〔　　　　　〕
　　完成工事補償引当金　　　　　　　　　　　　　　　　　〔　　　　　〕
　　　流 動 負 債 合 計　　　　　　　　　　　　　　　　　〔　　　　　〕
II 固 定 負 債
　　退職給付引当金　　　　　　　　　　　　　　　　　　　〔　　　　　〕
　　　固 定 負 債 合 計　　　　　　　　　　　　　　　　　〔　　　　　〕
　　　　負 債 合 計　　　　　　　　　　　　　　　　　　　〔　　　　　〕

純　資　産　の　部

I 株 主 資 本
　1．資 本 金　　　　　　　　　　　　　　　　　　　　　3,000,000
　2．利 益 剰 余 金
　（1）利 益 準 備 金　　　　　　　250,000
　（2）その他利益剰余金
　　繰越利益剰余金　　　　　　　〔　　　　　〕　　　　　〔　　　　　〕
　　　純 資 産 合 計　　　　　　　　　　　　　　　　　　〔　　　　　〕
　　　　負債・純資産合計　　　　　　　　　　　　　　　　〔　　　　　〕

☞ 解答〈59〉ページ

テーマ*18* 本支店会計・帳簿組織

問題 **18-1** 本支店間取引 ★★☆

理解度チェック

次の本支店間の取引を仕訳しなさい。

(1) 本店は支店へ500,000円を送金する。支店はこれを受け取る。

(2) 支店は本店へ100,000円を送金する。本店はこれを受け取る。

(3) 本店は支店へ材料220,000円（原価200,000円）を送る。支店はこの材料を受け取る。

(4) 支店は本店の取引先A商店へ，工事未払金50,000円を現金で立替払いする。本店はこの通知を受け取る。

(5) 本店は支店の取引先B商店より，完成工事未収入金320,000円を現金で受け取る。支店はこの通知を受け取る。

(6) 本店は支店へ材料200,000円（原価）を送る。支店はこの材料を受け取る。

(7) 支店は本店出張社員の旅費交通費30,000円を現金で立替払いする。本店はこの通知を受け取る。

◀ 解答欄 ▶

		借 方 科 目	金 額	貸 方 科 目	金 額
(1)	本　店				
	支　店				
(2)	本　店				
	支　店				
(3)	本　店				
	支　店				
(4)	本　店				
	支　店				
(5)	本　店				
	支　店				
(6)	本　店				
	支　店				
(7)	本　店				
	支　店				

☞ 解答〈62〉ページ

問題 18-2 支店相互間取引 ★★★

理解度チェック ☐ ☐ ☐

次の本支店間取引を本店集中計算制度と支店分散計算制度に分けて，それぞれの仕訳をしなさい。なお，仕訳なしのときは「仕訳不要」と借方科目欄に記入すること。

(1) 本店はS支店へ350,000円を送金する。S支店はこれを受け取る。

(2) S支店はT支店へ150,000円を送金する。T支店はこれを受け取る。

(3) T支店はS支店の取引先F建設より，完成工事未収入金400,000円を現金で受け取る。S支店はこの通知を受け取る。

(4) T支店はS支店の取引先G建設へ，工事未払金90,000円を現金で立替払いする。S支店はこの通知を受け取る。

◀ 解答欄 ▶

〈本店集中計算制度〉

		借 方 科 目	金 額	貸 方 科 目	金 額
(1)	本 店				
	S支店				
	T支店				
(2)	本 店				
	S支店				
	T支店				
(3)	本 店				
	S支店				
	T支店				
(4)	本 店				
	S支店				
	T支店				

〈支店分散計算制度〉

		借 方 科 目	金 額	貸 方 科 目	金 額
(1)	本 店				
	S支店				
	T支店				
(2)	本 店				
	S支店				
	T支店				
(3)	本 店				
	S支店				
	T支店				
(4)	本 店				
	S支店				
	T支店				

☞ 解答〈62〉ページ

問題 18-3 本店勘定および支店勘定の計算　★★★　理解度チェック □□□

次の　　　　に入る正しい金額を計算しなさい。

(1) 本店における支店勘定は期首に48,000円の借方残高であった。期中に，本店から支店に備品52,000円を発送し，支店から本店に32,000円の送金があり，支店が負担すべき広告費15,000円を本店が現金で立替払いしたとすれば，本店の支店勘定は期末に　　　　円の借方残高となる。

(2) 本店における熊本支店勘定は100,000円の借方残，福岡支店勘定は120,000円の借方残である。その後，福岡支店は熊本支店の工事代金の未収分36,000円を現金で回収し，熊本支店は福岡支店の交際費25,000円を現金で立替払いした場合，本店における熊本支店勘定残高は　　　　円となる。なお，支店間取引は本店集中計算制度による。

(3) 当期首より大阪支店を独立会計単位とする本支店会計を採用した。期首において，現金72,000円，材料貯蔵品24,800円，機械装置65,000円，工事未払金48,500円，機械装置減価償却累計額26,000円，完成工事未収入金588,000円を大阪支店に振り替えた。このとき，大阪支店の本店勘定の残高は　　　　円である。

◀ 解答欄 ▶- -

(1) [   ] 円　(2) [   ] 円　(3) [   ] 円

☞ 解答〈63〉ページ

問題 18-4 内部利益の計算　★★★　理解度チェック □□□

次の　　　　に入る正しい金額を計算しなさい。

(1) 本店から支店への材料振替価格は，原価に5％の利益を加算した金額としている。支店の期末時点における未成工事支出金に含まれている材料費は224,000円（うち本店仕入分69,300円），未使用の材料は76,000円（うち本店仕入分35,700円）であった。期末において控除される内部利益は　　　　円である。

(2) 本社は，材料について原価に3％の利益を加算した金額で支店に振替を行っている。支店の期末時点における未成工事支出金に含まれている材料費は162,000円（うち本社仕入分61,800円），未使用の材料は45,000円（うち本社仕入分15,450円）であった。期末において控除される内部利益は　　　　円である。

◀ 解答欄 ▶- -

(1) [   ] 円　(2) [   ] 円

☞ 解答〈63〉ページ

模擬試験問題

＜ 自 己 採 点 シ ー ト ＞

第 1 回	第1問	第2問	第3問	第4問	第5問	合　計
	20点	12点	14点	24点	30点	
月　　日						
月　　日						

第 2 回	第1問	第2問	第3問	第4問	第5問	合　計
	20点	12点	14点	24点	30点	
月　　日						
月　　日						

第 3 回	第1問	第2問	第3問	第4問	第5問	合　計
	20点	12点	14点	24点	30点	
月　　日						
月　　日						

模擬試験　第1回

第1問 （20点）

理解度チェック □ □ □

次の取引について仕訳をしなさい。使用する勘定科目は下記の勘定科目群（A〜W）から選び，その記号と勘定科目を書くこと。なお，解答は次に掲げた（例）に対する解答例にならって記入しなさい。

（例）現金100,000円を当座預金に預け入れた。

(1)　東京建設株式会社は，決算の結果25,600,000円の当期純利益を計上した。

(2)　千葉建設株式会社は，本社事務所を自家建設した。建設費50,000,000円のうち45,000,000円は支出済みであり，残額については，外注先の水戸建設株式会社が受け請っており，本日完成し，同店より全額請求を受けた。

(3)　期首に埼玉建設株式会社の大宮営業所（取得価額は10,050,000円，減価償却累計額は3,330,000円）が焼失した。同事務所には火災保険（保険金額7,000,000円）を掛けてあり，焼失評価額について査定中である。なお，減価償却に係る記帳は間接法によっている。

(4)　決算にあたり，栃木建設株式会社が売買目的で保有する横浜工機株式会社の株式2,500株（簿価@550円）の期末の時価は@530円であるため評価替えを行う。

(5)　群馬建設株式会社は，甲府建材株式会社から仕入れた材料の掛け代金支払いのため，小切手を振り出して支払った。なお，その際に代金の2％の割引きを受け，差額4,802,000円を支払った。

〈勘定科目群〉

A	現　　　　　金	B	当　座　預　金	C	有　価　証　券
D	新　築　積　立　金	E	手　形　売　却　損	F	未　　払　　金
G	前　　渡　　金	H	売　上　割　引	I	預　　り　　金
J	仕　入　割　引	K	建　設　仮　勘　定	L	建物減価償却累計額
M	建　　　　　物	N	損　　　　　益	P	有　価　証　券　評　価　損
Q	火　災　未　決　算	R	工　事　未　払　金	S	繰　越　利　益　剰　余　金
T	割　引　手　形	U	有　価　証　券　売　却　損	W	保　険　差　益

◀ 解答欄 ▶ ┄┄

No.	借 方			貸 方		
	記号	勘　定　科　目	金　額	記号	勘　定　科　目	金　額
（例）	B	当　座　預　金	100,000	A	現　　　　　金	100,000
(1)						
(2)						

(3)					
(4)					
(5)					

☞ 解答〈64〉ページ

第2問 （12点）　　　　　　　　　　　　　　　　理解度チェック ☐ ☐ ☐

　次の ☐ に入る正しい数値を計算しなさい。

(1) 高田産業株式会社と工事契約を締結し，工事進行基準を適用している。着工2年目の当期において，工事収益額 ☐ 円を計上した。この工事の請負代価は250,000円であり，見積工事原価は175,000円，当期末までの工事原価発生額の累計は108,500円であった。なお，前期における工事原価発生額は51,000円，見積工事原価は170,000円であり，当期において見積工事原価の見直しを行っている。なお，工事収益額は，原価比例法により計算する。

(2) 当社は，支店独立会計制度を採用している。支店が本店の工事代金の未収分200,000円を現金で回収し，本店が支店へ現金80,000円を送金した場合，本店における支店勘定の残高をこれらの取引の前と後を比べれば，☐ 円の違いとなる。

(3) 完成工事未収入金の期末残高3,000,000円に対して1％の貸倒引当金を差額補充法により設定する場合，貸倒引当金勘定残高が21,000円のとき，貸倒引当金繰入額は ☐ 円になる。

(4) B建設機械について第5年度の期首に200,000円で売却し，売却損50,000円が発生した。この機械は，第1年度の期首に ☐ 円で取得し，残存価額ゼロ，耐用年数8年で定額法により償却を行っていた。

◀ **解答欄** ▶ ┄┄┄

(1) ☐ 円　　(2) ☐ 円

(3) ☐ 円　　(4) ☐ 円

☞ 解答〈64〉ページ

第3問 （14点）

理解度チェック ☐☐☐

　岡山建設株式会社は，工事は第1部門と第2部門で施工しているが，両部門に共通して補助的なサービスを提供している運搬部門，修繕部門，材料管理部門を独立させて，各々の原価管理を実施している。次の〈資料〉に基づき，相互配賦法（第1次配賦のみ相互配賦し，第2次配賦は直接配賦する簡便法）により解答欄の「部門費振替表」を作成しなさい。

〈資　料〉

(1) 各部門費の発生額

［施工部門］

　　第1部門　2,974,400円　　　第2部門　2,091,600円

［補助部門］

　　運搬部門　532,000円　　　修繕部門　286,000円　　　材料管理部門　360,000円

(2) 各補助部門の他部門へのサービス提供度合

（単位：％）

	第 1 部 門	第 2 部 門	運 搬 部 門	修 繕 部 門	材料管理部門
運 搬 部 門	40	30	―	10	20
修 繕 部 門	44	36	15	―	5
材料管理部門	48	32	5	15	―

◀ 解答欄 ▶ ┄┄┄

部門費振替表

（単位：円）

摘　　要	合　　計	施 工 部 門		補 助 部 門		
		第1部門	第2部門	運搬部門	修繕部門	材料管理部門
部門費合計	6,244,000	2,974,400	2,091,600	532,000	286,000	360,000
（第1次配賦）						
運搬部門費	（　　　　）			――		
修繕部門費	（　　　　）				――	
材料管理部門費	（　　　　）					――
（第2次配賦）						
運搬部門費	（　　　　）					
修繕部門費	（　　　　）					
材料管理部門費	（　　　　）					
合　　計		×××	×××			

☞ 解答〈65〉ページ

第4問 （24点）

問1　次の文章の ☐ の中に入る適当な用語を下記の〈用語群〉から選び，その記号（ア〜ク）を解答欄に記入しなさい。

(1) 原価計算基準における原価とは ☐1☐ の消費であり，経営において作り出された ☐2☐ に転嫁される価値である。

(2) 原価計算基準における原価とは ☐3☐ に関連したものであり，基本的に財務活動は含まない。

(3) 原価計算基準における原価とは，原則として偶発的，臨時的な価値の喪失を含めず，☐4☐ である。

〈用語群〉

ア　標準的なもの　　イ　経営目的　　　ウ　経済価値　　　エ　工事間接費

オ　市場価値　　　　カ　一定の給付　　キ　販売活動　　　ク　正常的なもの

問2　令和×8年7月の工事原価に関する次の〈資料〉に基づいて，当月の完成工事原価報告書を作成しなさい。また，工事間接費配賦差異勘定の月末残高を計算しなさい。なお，その残高が借方の場合は「A」，貸方の場合は「B」を解答欄に記入しなさい。

〈資　料〉

1．当月の工事は，前月から繰越の2701号と2702号，及び当月受注の2703号を実施した。そのうち，月末までに2701号と2703号は完成し，2702号は未完成である。なお，収益の認識について工事完成基準を採用している。

2．前月から繰り越した工事原価に関する各勘定残高は，次のとおりである。

(1) 未成工事支出金の前月繰越額

（単位：円）

工事番号	2701号	2702号
材 料 費	306,120	32,390
労 務 費	69,850	13,070
外 注 費	47,810	54,430
経 　 費	66,420	24,040
計	490,200	123,930

(2) 工事間接費配賦差異　7,830円（借方残高）

3．当月の発生工事原価（工事間接費を除く）

（単位：円）

工事番号	2701号	2702号	2703号
材 料 費	57,730	166,000	372,320
労 務 費	24,200	61,480	242,490
外 注 費	124,120	81,230	371,000
直接経費	25,040	18,930	29,110

4．現場技術者の給料手当（工事間接費）について，現場管理作業時間に基づいて予定配賦を行っている。

(1)　予定配賦率　現場技術者の作業1時間当たり1,620円

(2)　当月の現場技術者の作業時間

（単位：時間）

工事番号	2701号	2702号	2703号
作業時間	8	12	24

(3)　工事間接費はすべて経費である。

(4)　当月の現場技術者の給料手当実際発生額　66,810円

◀ 解答欄 ▶･･･

問1

記号	1	2	3	4
（ア～ク）				

問2

完成工事原価報告書
令和×8年7月

（単位：円）

Ⅰ．材　料　費　　　　（　　　　　　　　）

Ⅱ．労　務　費　　　　（　　　　　　　　）

Ⅲ．外　注　費　　　　（　　　　　　　　）

Ⅳ．経　　　費　　　　（　　　　　　　　）

完成工事原価　　　　（　　　　　　　　）

工事間接費配賦差異　　□　　　　円　　記号（AまたはB）□

☞ 解答〈66〉ページ

東京建設株式会社の次の〈決算整理事項等〉に基づき，解答欄の精算表を完成しなさい。なお，工事原価は未成工事支出金を経由して処理する方法によっている。会計期間は1年である。また，決算整理の過程で新たに生じる勘定科目で，精算表上に指定されている科目はそこに記入すること。

〈決算整理事項等〉

(1) 売上債権の期末残高に対して2％の貸倒引当金を計上する。（差額補充法）

(2) 売買目的で保有する有価証券28,000円の期末時価は26,000円である。

(3) 仮払金の期末残高は，以下の内容であることが判明した。

　① 3,000円は保険料の1年分であり，うち4カ月分は前払いである。

　② 73,400円は法人税等の中間納付額である。

(4) 仮設材料費の把握についてはすくい出し方式を採用しているが，工事が完了して倉庫に戻された仮設材料の評価額2,200円について未処理である。

(5) 減価償却については，以下のとおりである。なお，当期中に固定資産の増減取引は発生していない。

　① 車両運搬具（工事現場用）　　実際発生額　16,800円

　　　なお，月次原価計算において，月額1,300円を未成工事支出金に予定計上しており，当期の予定計上額と実際発生額との差額は当期の工事原価（未成工事支出金）に加減する。

　② 建物（本社）　　以下の事項により減価償却費を計上する。

　　　取得原価　900,000円　　　残存価額　取得原価の10％　　　耐用年数　30年

　　　減価償却方法　定額法

(6) 工事現場の現場管理費2,100円が未払いである。

(7) 退職給付引当金の当期繰入額は，管理部門について7,900円と施工部門について13,800円である。ただし，施工部門の退職給付引当金については，月次で1,200円の退職給付引当金繰入額を毎月計上しており，当期の予定計上額と実際発生額との差額を当期の工事原価（未成工事支出金）に加減する。

(8) 完成工事高に対して0.2％の完成工事補償引当金を計上する。（差額補充法）

(9) 上記の各調整を行った後の未成工事支出金の次期繰越額は399,000円である。

(10) 当期の法人税，住民税及び事業税として税引前当期純利益の40％を計上する。

◀ 解答欄 ▶┅┅

精　算　表　　　　　　　　　（単位：円）

勘 定 科 目	残高試算表 借 方	残高試算表 貸 方	整 理 記 入 借 方	整 理 記 入 貸 方	損益計算書 借 方	損益計算書 貸 方	貸借対照表 借 方	貸借対照表 貸 方
現 金 預 金	107,800							
受 取 手 形	287,500							
完成工事未収入金	782,500							
貸 倒 引 当 金		19,500						
有 価 証 券	28,000							
材 料 貯 蔵 品	31,800							
未成工事支出金	406,800							
仮 払 金	76,400							
建 物	900,000							
建物減価償却累計額		420,000						
車 両 運 搬 具	84,000							
車両運搬具減価償却累計額		33,600						
土 地	311,000							
支 払 手 形		355,300						
工 事 未 払 金		343,000						
借 入 金		397,000						
未成工事受入金		502,000						
完成工事補償引当金		7,300						
退職給付引当金		206,000						
資 本 金		100,000						
繰越利益剰余金		22,000						
完 成 工 事 高		4,150,000						
完 成 工 事 原 価	3,355,000							
販売費及び一般管理費	172,400							
受取利息配当金		2,500						
支 払 利 息	15,000							
	6,558,200	6,558,200						
前 払 費 用								
貸倒引当金繰入額								
有価証券評価損								
未 払 法 人 税 等								
法人税, 住民税及び事業税								
当期（　　　　）								

☞ 解答〈68〉ページ

模擬試験　第2回

　次の取引について仕訳をしなさい。使用する勘定科目は下記の勘定科目群（A～W）から選び，その記号と勘定科目を書くこと。なお，解答は次に掲げた(例)に対する解答例にならって記入しなさい。

(例)　現金100,000円を当座預金に預け入れた。

(1)　埼玉建材株式会社から，材料220個を1個あたり2,550円で掛けにより購入し材料費勘定で処理していたが，本日支払期日となり48,000円の割戻と11,000円の値引きを控除して，その残額を横浜建設株式会社振り出し，当社宛ての約束手形を裏書譲渡して支払った。なお，裏書に伴う遡求義務は評価勘定を用いて処理している。

(2)　支店開設のため土地7,000,000円を購入し，代金は約束手形を振り出して支払った。なお，購入に伴う手数料150,000円は現金で不動産業者へ支払った。

(3)　千葉商事株式会社から75,000,000円の本社ビル建設の請負契約を受注し，この工事の収益認識基準は工事完成基準を適用するものとした。当期の工事原価は18,270,000円であり，うち8,270,000円は小切手を振り出し，残りの10,000,000円は約束手形を振り出して支払った。なお，当該工事の工事原価総額の見積額は45,675,000円である。

(4)　機械装置の補修を行い，代金1,520,000円は小切手を振り出して支払った。この支払額のうち900,000円は改良費である。なお，前期に計上した修繕引当金の残高が520,000円ある。

(5)　下請業者に対する外注費の未払い額を支払うため，小切手918,000円を振り出した。ただし当座預金の残高は788,000円である。なお，当社は取引銀行と借越限度額1,000,000円の当座借越契約を締結している。

〈勘定科目群〉

A	現　金	B	当座預金	C	未成工事支出金	D	受取手形
E	機械装置	F	機械装置減価償却累計額	G	土　地	H	保証債務
I	支払手形	J	営業外支払手形	K	工事未払金	L	裏書手形
M	修繕引当金	N	当座借越	O	完成工事高	P	完成工事原価
Q	支払家賃	R	材料費	S	機械等修繕費	T	保証債務費用
U	外注費	V	手形裏書義務見返	W	手形裏書義務		

◀ 解答欄 ▶━━━

No.	借　　　　　方			貸　　　　　方		
	記号	勘 定 科 目	金　　額	記号	勘 定 科 目	金　　額
(例)	B	当 座 預 金	100,000	A	現　　　　金	100,000
(1)						
(2)						
(3)						
(4)						
(5)						

☞ 解答〈70〉ページ

模擬試験 2

次の ☐ に入る正しい数値を計算しなさい。

(1) 栃木産業株式会社と工事契約を締結し，工事進行基準を適用している。着工3年目の当期において，工事収益額を計上した。この工事の請負代価は800,000円であり，見積工事原価は520,000円，当期末までの工事原価発生額の累計は468,000円であった。よって当期の工事総利益は ☐ 円となる。なお，前期末までに発生した工事原価は336,000円，見積工事原価は480,000円であり，当期において見積工事原価の見直しを行っている。なお，工事収益額は，原価比例法により計算する。

(2) 決算整理前の当座預金勘定残高が417,000円であり，決算日現在の銀行残高証明書の残高が425,000円であったので，その差異原因を調査したところ，工事未払金の引落連絡未達51,000円，未取付小切手25,000円，未渡小切手（修繕費の支払い分）34,000円であることが判明し，調整後，両者の残高は ☐ 円で一致した。

(3) 川越建設株式会社は，本店から支店に材料を送付する際，原価に20%の利益を加算した額を振替価格としている。支店の期末時点における未成工事支出金勘定に含まれている材料費が695,000円（そのうち本店仕入分は287,400円），材料勘定が365,000円（そのうち本店仕入分は198,000円）としたとき，控除される内部利益は ☐ 円である。

(4) 前払家賃勘定の前期繰越高が200,000円であり，当期支払高2,520,000円，期末の前払高210,000円の場合は，損益計算書の支払家賃勘定の計上金額は ☐ 円である。

◀ **解答欄** ▶ --

(1) ☐ 円　　(2) ☐ 円

(3) ☐ 円　　(4) ☐ 円

☞ 解答〈71〉ページ

第3問 （14点）

工事関連部門で発生した工事間接費を各工事に直接原価基準で予定配賦している。次の〈資料〉に基づいて，下記の問に解答しなさい。

〈資　料〉

(1) 当会計期間の工事間接費予定配賦率は2.8％である。

(2) 当会計期間の直接原価の総発生見積額は次のとおりである。

（単位：円）

材料費	労務費	外注費	直接経費
72,700,000	38,800,000	58,600,000	18,900,000

(3) 工事間接費配賦差異の前月末残高は9,100円（借方残高）である。

(4) 当月の直接原価の発生額は次のとおりである。

（単位：円）

	材料費	労務費	外注費	直接経費
101工事	536,000	174,000	533,000	125,000
102工事	393,000	395,000	501,000	211,000
103工事	298,000	171,000	223,000	79,000
その他の工事	4,214,000	2,591,000	3,252,000	1,219,000
計	5,441,000	3,331,000	4,509,000	1,634,000

(5) 当月の工事間接費実際発生額は393,420円である。

問1　当会計期間の工事間接費予算額を計算しなさい。

問2　当月の102工事への工事間接費配賦額を計算しなさい。

問3　当月の工事間接費配賦差異の月末残高を計算しなさい。なお，その残高が借方の場合は「A」，貸方の場合は「B」を解答欄に記入しなさい。

◀ 解答欄 ▶ -

問1　工事間接費予算額 　　　　　　　　　円

問2　工事間接費配賦額 　　　　　　　　　円

問3　工事間接費配賦差異 　　　　　　　　　円　記号（AまたはB）　　　

☞ 解答〈71〉ページ

問1　下記に示す費用もしくは損失は，次のいずれの〈区分〉に該当するか，その記号をA～Cで解答しなさい。

〈区　分〉

A　総原価のうち，工事原価として処理する。

B　総原価のうち，期間費用（ピリオド・コスト）として処理する。

C　非原価として処理する。

1．火災により材料倉庫が消失したために発生した材料の損失額

2．建設作業現場へ車両で通勤する作業員の駐車場代

3．住宅リフォーム工事を受注するための広報活動に関する新聞広告代

4．建設作業現場の安全管理に対する支出額

問2　令和×9年12月の工事原価に関する次の〈資料〉に基づいて，解答欄に示す月次の工事原価明細表を完成しなさい。なお，材料については購入時資産処理法によっている。

〈資　料〉（単位：円）

1．月初及び月末の各勘定残高

		月　初	月　末
イ．	未成工事支出金		
	材料費	221,000	192,000
	労務費	287,000	263,000
	外注費	510,000	531,000
	経費	219,000	126,000
	（経費のうち人件費）	（64,000）	（51,000）
ロ．	材料	7,900	5,400
ハ．	工事未払金		
	未払賃金	102,000	88,000
	未払外注費	145,000	194,000
	未払事務用品費	－	6,000
ニ．	前払費用		
	前払保険料	18,000	15,000
	前払地代家賃	14,000	11,000

2．当月材料仕入高

　　　イ．総仕入高　　　　　960,000

　　　ロ．値引・返品高　　　103,000

3．当月賃金支払高　　　　　930,000

4．当月外注費支払高　　　1,522,000

5．当月経費支払高

　　　イ．動力用水光熱費　　 76,000

ロ．地代家賃	156,000
ハ．保険料	36,000
ニ．従業員給料手当	268,000
ホ．法定福利費	76,000
ヘ．事務用品費	34,000
ト．旅費交通費	50,000
チ．通信費	9,000

◀ 解答欄 ▶ ┅┅┅┅┅┅┅┅┅┅┅┅┅┅┅┅┅┅┅┅┅┅┅┅┅┅┅┅┅┅┅┅

問1

記号（A～C）

1	2	3	4

問2

工事原価明細表

令和×9年12月

（単位：円）

	当月発生工事原価	当月完成工事原価
Ⅰ．材料費		
Ⅱ．労務費		
Ⅲ．外注費		
Ⅳ．経　費		
（うち人件費）	（　　　　　）	（　　　　　）
工事原価		

☞ 解答〈72〉ページ

次の〈決算整理事項等〉に基づき，解答欄の精算表を完成しなさい。なお，工事原価は未成工事支出金を経由して処理する方法によっている。会計期間は1年である。また，決算整理の過程で新たに生じる勘定科目で，精算表上に指定されている科目はそこに記入すること。

〈決算整理事項等〉

(1) 材料貯蔵品の期末実地棚卸により判明した棚卸減耗4,600円を，工事原価に算入する。

(2) 仮払金の期末残高は，以下の内容であることが判明した。

　① 8,000円は，過年度の完成工事に関する補修費である。

　② 52,000円は，法人税等の中間納付額である。

(3) 減価償却については，以下のとおりである。なお，当期中に固定資産の増減取引は発生していない。

　① 機械装置（工事現場用）　　実際発生額 80,000円

　　　なお，月次原価計算において，月額6,500円を未成工事支出金に予定計上している。当期の予定計上額と実際発生額との差額は当期の工事原価（未成工事支出金）に加減する。

　② 備品（本社用）　　以下の事項により減価償却費を計上する。

　　　取得原価 80,000円　　残存価額 ゼロ　　減価償却方法 定率法　　償却率 0.250

(4) 仮受金の期末残高50,000円は，前期に完成した工事の未収代金の回収分であることが判明した。

(5) 売上債権の期末残高に対して2％の貸倒引当金を計上する。（差額補充法）

(6) 退職給付引当金の当期繰入額は，本社事務職員について31,000円，現場作業員について50,000円である。ただし，現場作業員については月次原価計算において，月額4,300円の退職給付引当金繰入額を未成工事支出金に予定計上しており，当期の予定計上額と実際発生額の差額を当期の工事原価（未成工事支出金）に加減する。

(7) 完成工事に係る外注費の未払分2,800円を計上する。

(8) 完成工事高に対して0.2％の完成工事補償引当金を計上する。（差額補充法）

(9) 販売費及び一般管理費の中には，本社が負担する保険料の前払分900円が含まれていた。

(10) 上記の各調整を行った後の未成工事支出金の次期繰越額は1,133,500円である。

(11) 当期の法人税，住民税及び事業税として，税引前当期純利益の40％を計上する。

◀ 解答欄 ▶ •••

精　算　表　　　　　　　　（単位：円）

勘 定 科 目	残高試算表		整 理 記 入		損益計算書		貸借対照表	
	借　方	貸　方	借　方	貸　方	借　方	貸　方	借　方	貸　方
現　　　　　金	4,500							
当 座 預 金	88,200							
受 取 手 形	806,000							
完成工事未収入金	1,244,000							
貸 倒 引 当 金		38,300						
未 成 工 事 支 出 金	1,123,000							
材 料 貯 蔵 品	107,200							
仮 　 払 　 金	60,000							
機 械 装 置	620,000							
機械装置減価償却累計額		440,000						
備　　　　　品	80,000							
備品減価償却累計額		20,000						
支 払 手 形		884,600						
工 事 未 払 金		66,700						
借 　 入 　 金		250,000						
未 成 工 事 受 入 金		193,000						
仮 　 受 　 金		50,000						
完成工事補償引当金		8,400						
退職給付引当金		565,000						
資 　 本 　 金		800,000						
繰越利益剰余金		180,000						
完 成 工 事 高		3,600,000						
完 成 工 事 原 価	2,802,000							
販売費及び一般管理費	158,000							
受 取 利 息 配 当 金		4,000						
支 払 利 息	7,100							
	7,100,000	7,100,000						
前 払 保 険 料								
貸倒引当金繰入額								
未 払 法 人 税 等								
法人税, 住民税及び事業税								
当期（　　　　　）								

☞ 解答 〈74〉ページ

模擬試験　第3回

第1問（20点）

次の取引について仕訳をしなさい。使用する勘定科目は下記の勘定科目群（A〜X）から選び，その記号と勘定科目を書くこと。なお，解答は次に掲げた（例）に対する解答例にならって記入しなさい。

（例）現金100,000円を当座預金に預け入れた。

(1) 山形工務店から工事代金の中間金として，同社が振り出した小切手385,000円を受け取った。

(2) 先月に福島建材株式会社から掛けで仕入れた材料1,960,000円について，本日，85,000円の割戻しと掛代金の早期決済に伴う割引49,900円を受け，これらを控除後の残額について小切手を振り出して支払った。

(3) 前期に受注した工事価格78,250,000円の新築工事（工期3年）について，成果の確実性が認められるため工事進行基準を適用している。工事原価総額の見積額は前期受注時点では42,060,000円であったが当期末においては工事材料の値上がりが影響し43,260,000円となった。原価比例法により第2期（当期）の完成工事高及び完成工事原価に関する仕訳を示しなさい。なお，工事原価の実際発生額は第1期（前期）が12,618,000円であり，第2期（当期）は17,664,000円であった。また，前期受注契約時に工事代金の一部28,620,000円を先方振り出しの小切手で受け取っている。

(4) 取締役会の決議により，未発行株式のうち2,000株を1株の払込金額90,000円で募集し，申込期日までに全株式が申し込まれ，払込金額の全額を申込証拠金として受け入れ，別段預金とした。また，募集の際に手数料350,000円を現金で支払った。

(5) 完成工事未収入金1,400,000円が滞留債権となっているため，前期末において50％の引当金を計上していた。当期において300,000円は回収（処理済）出来たが残額については，回収不能が確定したので本日決算において適正な処理を行う。

〈勘定科目群〉

A 現　金	B 当座預金	C 別段預金	D 完成工事未収入金
E 未成工事支出金	F 材料貯蔵品	G 仮払消費税	H 差入有価証券
I 建設仮勘定	J 投資有価証券	K 貸倒引当金	L 支払手形
M 工事未払金	N 未成工事受入金	O 借入金	P 仮受消費税
Q 新株式申込証拠金	R 完成工事高	S 仕入割引	T 完成工事原価
U 支払手数料	V 売上割引	W 株式交付費	X 貸倒損失

◀ 解答欄 ▶ ‑‑‑

No.	借　　　　方			貸　　　　方		
	記号	勘　定　科　目	金　　額	記号	勘　定　科　目	金　　額
(例)	B	当　座　預　金	100,000	A	現　　　　　金	100,000
(1)						
(2)						
(3)						
(4)						
(5)						

☞ 解答〈76〉ページ

模擬試験

3

次の ☐ に入る正しい数値を計算しなさい。なお，計算上，円未満は切り捨てること。

(1) 当社は，所有する機械A（取得原価1,200,000円，残存価額120,000円，耐用年数8年）と機械B（取得原価900,000円，残存価額90,000円，耐用年数6年）について，総合償却を行っている。この償却単位に定額法を適用すれば，加重平均法による平均耐用年数は ☐ 年（年未満は切り捨て）である。

(2) 令和×6年4月1日に額面総額20,000,000円（償還期限5年，利率年1％，利払日9月30日と3月31日）の社債を額面100円につき96円で発行し，全額の払込みを受け当座預金としていた。毎決算日（3月31日）にこの社債を償却原価法（定額法）により処理していた場合，令和×8年4月1日に社債額面総額10,000,000円を額面100円につき98円で買入消却したときに計上される社債償還損益の金額は ☐ 円である。

(3) 決算整理前の仮払消費税は446,400円，仮受消費税は882,000円であったが，決算整理において広告費171,600円（消費税15,600円）の未払い分があった。当該決算整理事項を処理した後の未払消費税は ☐ 円である。なお，消費税の処理は税抜方式を採用している。

(4) 当期4月1日（決算日3月末）より本支店会計を採用するにあたり，福岡支店を独立会計単位とした。その際に現金143,000円，材料貯蔵品35,000円，機械装置300,000円，未成工事支出金102,000円，機械装置減価償却累計額105,000円，工事未払金97,000円を福岡支店に振り替えた。このとき，福岡支店の本店勘定残高は ☐ 円である。

◀ **解答欄** ▶ --

(1) ☐ 年　(2) ☐ 円　(3) ☐ 円　(4) ☐ 円

☞ 解答〈77〉ページ

第3問 （14点）

理解度チェック ☐ ☐ ☐

　令和×9年4月の材料の受払の状況は次の〈資料〉のとおりである。これに基づき，下記の問に解答しなさい。なお，払出単価の計算過程で端数が生じた場合，円未満を四捨五入すること。

〈資　料〉

材　料　元　帳

令和×9年4月　　　（数量：kg，単価及び金額：円）

月	日	摘　　要	受　　入			払　　出			残　　高		
			数量	単価	金　額	数量	単価	金　額	数量	単価	金　額
4	1	前 月 繰 越	500	300	150,000				500	300	150,000
		仕　入　れ	400	320	128,000				900		
	2	11号工事に払出し				700		（A）			
	9	仕　入　れ	600	300	180,000						
	13	12号工事に払出し				400		（B）			
	16	11号工事に払出し				200		（C）			
	22	仕　入　れ	300	290	87,000						
	27	12号工事に払出し				350		（D）			
	30	次 月 繰 越									

問1　材料の払出単価の計算を先入先出法で行う場合，（A）～（D）の金額を計算しなさい。

問2　材料の払出単価の計算を移動平均法で行う場合，令和×9年4月の11号工事の材料費を計算しなさい。

◀ 解答欄 ▶▪▪▪

問1　（A）　☐☐☐☐☐☐☐　円　　（B）　☐☐☐☐☐☐☐　円　　（C）　☐☐☐☐☐☐☐　円

　　　（D）　☐☐☐☐☐☐☐　円

問2　☐☐☐☐☐☐☐　円

☞ 解答〈78〉ページ

問1　次の各文章は，下記の〈原価の基礎的分類〉のいずれと最も関係の深い事柄か，記号（A～D）で解答しなさい。

(1)　一般的な製造業では製造原価を材料費，労務費，経費の3つに分類するが，建設業では工事原価を材料費，労務費，外注費，経費の4つに分類する。

(2)　工事原価の発生がどこの工事現場によるかが直接的に把握されるか否かにより，工事直接費と工事間接費に分類される。

(3)　工事原価は，工事の出来高に比例的に発生する変動費と，出来高にかかわらず変化しない固定費に分類される。

(4)　建設業独特の分類として，工事原価を工事種類（工種）別に区分する。

〈原価の基礎的分類〉

A　発生形態別分類　　B　作業機能別分類　　C　計算対象との関連性分類

D　操業度との関連性分類

問2　次の〈資料〉によって解答欄に示す，工事別原価計算表を作成しなさい。なお，収益の認識については工事完成基準を採用するものとする。

〈資　料〉

1．前月から繰り越された工事原価に関する勘定残高は次のとおりであった。

(1)　未成工事支出金　773,300円

内訳：材 料 費　192,700円（うち，第60号工事 122,100円，第61号工事 70,600円）

労 務 費　163,300円（うち，第60号工事 101,300円，第61号工事 62,000円）

外 注 費　335,200円（うち，第60号工事 252,000円，第61号工事 83,200円）

経　　費　82,100円（うち，第60号工事 48,200円，第61号工事 33,900円）

2．当月の発生工事原価（現場共通費を除く）は，解答欄の工事別原価計算表に記載されているとおりである。

3．現場共通費には，甲部門費と乙部門費があり，各々予定配賦法を採用している。

(1)　甲部門費　　配賦基準は，外注費法である。予定配賦率は，20％とする。

(2)　乙部門費　　配賦基準は，機械運転時間である。予定配賦率は，機械運転時間1時間あたり600円である。

当月の工事別機械運転時間は次のとおりである。

第60号工事	第61号工事	第62号工事	合　計
88時間	142時間	114時間	344時間

4．当月において，第60号工事および第61号工事が完成し，第62号工事は来月完成予定である。

◀ 解答欄 ▶ ┄┄

問1

記号 （A～D）	1	2	3	4

問2

工　事　別　原　価　計　算　表　　　　（単位：円）

工事番号 原価要素	第60号工事	第61号工事	第62号工事	合　　計
月初未成工事原価	（　　　）	（　　　）		（　　　）
当月発生工事原価				
材　　料　　費	（　　　）	413,000	152,300	839,800
労　　務　　費	（　　　）	619,000	（　　　）	1,955,500
外　　注　　費	221,500	298,000	（　　　）	740,000
経　　　　　費	（　　　）	（　　　）	131,600	415,000
甲　部　門　費	（　　　）	（　　　）	（　　　）	（　　　）
乙　部　門　費	（　　　）	（　　　）	（　　　）	（　　　）
工　事　原　価　計	（　　　）	1,874,300	1,210,200	（　　　）
うち当月完成工事原価	（　　　）	（　　　）		3,867,800

☞ 解答〈80〉ページ

第5問 (30点)

次の〈決算整理事項等〉に基づき，解答欄の精算表を完成しなさい。なお，工事原価は未成工事支出金を経由して処理する方法によっている。会計期間は1年である。また，決算整理の過程で新たに生じる勘定科目で，精算表上に指定されている科目はそこに記入すること。

〈決算整理事項等〉

(1) 期末における現金の帳簿残高は13,500円であるが，実際の手許有高は10,500円であった。原因の調査をしたところ，本社において事務用消耗品（費用処理）1,200円を現金購入していたが未処理であることが判明した。それ以外の原因は不明である。

(2) 仮払金の期末残高は，以下の内容であることが判明した。

① 6,000円は，本社従業員の交際費仮払金であった。精算の結果，実費との差額600円を従業員が立て替えていた。

② 25,000円は，法人税等の中間納付額である。

(3) 貸倒引当金については，売上債権の期末残高の2％を計上する。（差額補充法）

(4) 仮受金の期末残高は，以下の内容であることが判明した。

① 37,000円は，期末時点で施工中の工事に関する中間金である。

② 11,000円は，現場で発生したスクラップの売却代金である。

(5) 減価償却については，以下のとおりである。なお，当期中に固定資産の増減取引は発生していない。

① 機械装置（工事現場用） 実際発生額 58,000円

なお，月次原価計算において，月額4,800円を未成工事支出金に予定計上しており，当期の予定計上額と実際発生額との差額は当期の工事原価（未成工事支出金）に加減する。

② 備品（本社用） 以下の事項により減価償却費を計上する。

取得原価 66,000円　　残存価額 ゼロ　　耐用年数 6年

減価償却方法 定額法

(6) 工事に関する仮設撤去費の未払分16,000円が判明した。

(7) 退職給付引当金の当期繰入額は，管理部門12,000円，施工部門22,400円である。なお，施工部門の退職給付引当金については，月次原価計算において，月額1,800円を未成工事支出金に予定計上しており，当期の予定計上額と実際発生額との差額は当期の工事原価（未成工事支出金）に加減する。

(8) 完成工事高に対して0.2％の完成工事補償引当金を計上する。（差額補充法）

(9) 上記の各調整を行った後の未成工事支出金の次期繰越額は721,600円である。

(10) 当期の法人税，住民税及び事業税として，税引前当期純利益の40％を計上する。

◀ 解答欄 ▶ ==

精　算　表　　　　　　　　　　（単位：円）

勘定科目	残高試算表 借方	残高試算表 貸方	整理記入 借方	整理記入 貸方	損益計算書 借方	損益計算書 貸方	貸借対照表 借方	貸借対照表 貸方
現 金 預 金	72,000							
受 取 手 形	283,000							
完成工事未収入金	617,000							
貸 倒 引 当 金		14,000						
未成工事支出金	726,000							
材 料 貯 蔵 品	69,000							
仮 払 金	31,000							
機 械 装 置	280,000							
機械装置減価償却累計額		125,000						
備 品	66,000							
備品減価償却累計額		33,000						
支 払 手 形		338,600						
工 事 未 払 金		112,000						
借 入 金		560,000						
未成工事受入金		262,000						
仮 受 金		48,000						
完成工事補償引当金		7,500						
退職給付引当金		172,000						
資 本 金		100,000						
繰越利益剰余金		116,000						
完 成 工 事 高		3,100,000						
完 成 工 事 原 価	2,620,000							
販売費及び一般管理費	220,000							
受取利息配当金		11,900						
支 払 利 息	16,000							
	5,000,000	5,000,000						
未 払 金								
未 払 法 人 税 等								
貸倒引当金繰入額								
雑 損 失								
法人税, 住民税及び事業税								
当期（　　　）								

☞ 解答〈82〉ページ

よくわかる簿記シリーズ

合格トレーニング　建設業経理士2級　Ver.6.0

2006年12月10日　初　版　第1刷発行
2020年 9 月20日　第 7 版　第1刷発行
2023年 8 月20日　　　　　第4刷発行

編　著　者　　Ｔ　Ａ　Ｃ　株　式　会　社
　　　　　　　　　　　（建設業経理士検定講座）
発　行　者　　多　　田　　敏　　男
発　行　所　　ＴＡＣ株式会社　出版事業部
　　　　　　　　　　　　　　（ＴＡＣ出版）
〒101-8383
東京都千代田区神田三崎町3-2-18
電　話　03（5276）9492（営業）
FAX　03（5276）9674
https://shuppan.tac-school.co.jp

印　　　刷　　株式会社　ワ　　コ　　ー
製　　　本　　株式会社　常　川　製　本

© TAC 2020　　Printed in Japan　　ISBN 978-4-8132-7998-3
N.D.C. 336

建設業経理士検定講座のご案内

オリジナル教材　合格までのノウハウを結集!

これが**TAC**

テキスト
試験の出題傾向を徹底分析。最短距離での合格を目標に、確実に理解できるように工夫されています。

トレーニング
合格を確実なものとするためには欠かせないアウトプットトレーニング用教材です。出題パターンと解答テクニックを修得してください。

的中答練
講義を一通り修了した段階で、本試験形式の問題練習を繰り返しトレーニングします。これにより、一層の実力アップが図れます。

DVD
TAC専任講師の講義を収録したDVDです。画面を通して、講義の迫力とポイントが伝わり、よりわかりやすく、より効率的に学習が進められます。
[DVD通信講座のみ送付]

学習メディア　ライフスタイルに合わせて選べる!

通学講座

 ビデオブース講座　通って学ぶ　予約制
ご自身のスケジュールに合わせて、TACのビデオブースで学習するスタイル。日程を自由に設定できるため、忙しい社会人に人気の講座です。

通信講座

 Web通信講座
（音声DLフォロー標準装備）

教室講座の生講義をブロードバンドを利用し動画で配信します。ご自身のペースに合わせて、24時間いつでも何度でも繰り返し受講することができます。また、講義動画はダウンロードして2週間視聴可能です。有効期間内は何度でもダウンロード可能です。
※Web通信講座の配信期間は、受講された試験月の末日までです。

TAC WEB SCHOOL ホームページ
URL https://portal.tac-school.co.jp/
※お申込み前に、左記のサイトにて必ず動作環境をご確認ください。

DVD通信講座 見て学ぶ

講義を収録したデジタル映像をご自宅にお届けします。講義の臨場感をクリアな画像でご自宅にて再現することができます。
※DVD-Rメディア対応のDVDプレーヤーでのみ受講が可能です。パソコンやゲーム機での動作保証はいたしておりません。

 Webでも無料配信中! スマホ タブレット パソコン
「**TAC動画チャンネル**」

● 入門セミナー　※収録内容の変更のため、配信されない期間が生じる場合がございます。
● 1回目の講義（前半分）が視聴できます

資料通信講座（1級総合本科生のみ）
テキスト・添削問題を中心として学習します。

詳しくは、TACホームページ「TAC動画チャンネル」をクリック!
TAC動画チャンネル　建設業　検索

コースの詳細は、建設業経理士検定講座パンフレット・TACホームページをご覧ください。

パンフレットのご請求・お問い合わせは、**TACカスタマーセンター**まで
※営業時間短縮の場合がございます。詳細はHPでご確認ください。

通話無料 0120-509-117
ゴウカク　イイナ

受付時間 月〜金 9:30〜19:00
　　　　土・日・祝 9:30〜18:00

TAC建設業経理士検定講座ホームページ
TAC建設業　検索

通学	ビデオブース講座	通信	Web通信講座	DVD通信講座	資料通信講座（1級総合本科生のみ）

合格カリキュラム　ご自身のレベルに合わせて無理なく学習！

■ 1級受験対策コース▶　財務諸表　財務分析　原価計算

対象 日商簿記2級・建設業2級修了者、日商簿記1級修了者

1級総合本科生

財務諸表	財務分析	原価計算
財務諸表本科生	**財務分析本科生**	**原価計算本科生**
財務諸表講義 ／ 財務諸表的中答練	財務分析講義 ／ 財務分析的中答練	原価計算講義 ／ 原価計算的中答練

※上記の他、1級的中答練セットもございます。

■ 2級受験対策コース

対象 初学者（簿記知識がゼロの方）

2級本科生（日商3級講義付）

日商簿記3級講義	2級講義	2級的中答練

対象 日商簿記3級・建設業3級修了者

2級本科生

2級講義	2級的中答練

対象 日商簿記2級修了者

日商2級修了者用2級セット

日商2級修了者用2級講義	2級的中答練

※上記の他、単科申込みのコースもございます。　※上記コース内容は予告なく変更される場合がございます。あらかじめご了承ください。

合格カリキュラムの詳細は、TACホームページをご覧になるか、パンフレットにてご確認ください。

安心のフォロー制度　充実のバックアップ体制で、学習を強力サポート！

=ビデオブース講座でのフォロー制度です。　=Web・DVD・資料通信講座でのフォロー制度です。

1. 受講のしやすさを考えた制度

随時入学
ビデオブース講座および通信では"始めたい時が開講日"。視聴開始日・送付開始日以降ならいつでも受講を開始できます。

校舎間自由視聴制度
校舎間で自由に振り替えて受講ができます。平日は学校・会社の近くで、週末は自宅近くの校舎で受講するなど、時間を有効に活用できます。
※振替用のブース数は各校で制限がありますので予めご了承ください。
※予約方法については各校で異なります。詳細は振替希望校舎にお問い合わせください。

2. 困った時、わからない時のフォロー

質問電話
講師とのコミュニケーションツール。疑問点・不明点は、質問電話ですぐに解決しましょう。

質問カード
講師と接する機会の少ないビデオブース受講生や通信受講生も、質問カードを利用すればいつでも疑問点・不明点を講師に質問し、解決できます。また、実際に質問事項を書くことによって、理解も深まります（利用回数：10回）。

質問メール
受講生専用のWebサイト「マイページ」より質問メール機能がご利用いただけます（利用回数：10回）。
※質問カード、メールの使用回数の上限は合算で10回までとなります。

3. その他の特典

再受講割引制度
過去に、本科生（1級各科目本科生含む）を受講されたことのある方が、同一コースをもう一度受講される場合には再受講割引受講料でお申込みいただけます。
※以前受講されていた時の会員証をご提示いただき、お手続きをしてください。
※テキスト・問題集はお渡ししておりませんのでお手持ちのテキスト等をご使用ください。テキスト等のver.変更があった場合は、別途お買い求めください。

TAC出版 書籍のご案内

TAC出版では、資格の学校TAC各講座の定評ある執筆陣による資格試験の参考書をはじめ、資格取得者の開業法や仕事術、実務書、ビジネス書、一般書などを発行しています!

TAC出版の書籍

*一部書籍は、早稲田経営出版のブランドにて刊行しております。

資格・検定試験の受験対策書籍

- ✪日商簿記検定
- ✪建設業経理士
- ✪全経簿記上級
- ✪税 理 士
- ✪公認会計士
- ✪社会保険労務士
- ✪中小企業診断士
- ✪証券アナリスト

- ✪ファイナンシャルプランナー(FP)
- ✪証券外務員
- ✪貸金業務取扱主任者
- ✪不動産鑑定士
- ✪宅地建物取引士
- ✪賃貸不動産経営管理士
- ✪マンション管理士
- ✪管理業務主任者

- ✪司法書士
- ✪行政書士
- ✪司法試験
- ✪弁理士
- ✪公務員試験(大卒程度・高卒者)
- ✪情報処理試験
- ✪介護福祉士
- ✪ケアマネジャー
- ✪社会福祉士　ほか

実務書・ビジネス書

- ✪会計実務、税法、税務、経理
- ✪総務、労務、人事
- ✪ビジネススキル、マナー、就職、自己啓発
- ✪資格取得者の開業法、仕事術、営業術
- ✪翻訳ビジネス書

一般書・エンタメ書

- ✪ファッション
- ✪エッセイ、レシピ
- ✪スポーツ
- ✪旅行ガイド (おとな旅プレミアム/ハルカナ)
- ✪翻訳小説

TAC出版

(2021年7月現在)

書籍のご購入は

1 全国の書店、大学生協、
ネット書店で

2 TAC各校の書籍コーナーで

> 資格の学校TACの校舎は全国に展開!
> 校舎のご確認はホームページにて

資格の学校TAC ホームページ
https://www.tac-school.co.jp

3 TAC出版書籍販売サイトで

 CYBER TAC出版書籍販売サイト

BOOK STORE

**24時間
ご注文
受付中**

| TAC 出版 | で | 検索 |

https://bookstore.tac-school.co.jp/

新刊情報を
いち早くチェック!

たっぷり読める
立ち読み機能

学習お役立ちの
特設ページも充実!

TAC出版書籍販売サイト「サイバーブックストア」では、TAC出版および早稲田経営出版から刊行されている、すべての最新書籍をお取り扱いしています。
また、無料の会員登録をしていただくことで、会員様限定キャンペーンのほか、送料無料サービス、メールマガジン配信サービス、マイページのご利用など、うれしい特典がたくさん受けられます。

サイバーブックストア会員は、特典がいっぱい! (一部抜粋)

 通常、1万円（税込）未満のご注文につきましては、送料・手数料として500円（全国一律・税込）頂戴しておりますが、1冊から無料となります。

 専用の「マイページ」は、「購入履歴・配送状況の確認」のほか、「ほしいものリスト」や「マイフォルダ」など、便利な機能が満載です。

 メールマガジンでは、キャンペーンやおすすめ書籍、新刊情報のほか、「電子ブック版TACNEWS（ダイジェスト版）」をお届けします。

 書籍の発売を、販売開始当日にメールにてお知らせします。これなら買い忘れの心配もありません。

書籍の正誤に関するご確認とお問合せについて

書籍の記載内容に誤りではないかと思われる箇所がございましたら、以下の手順にてご確認とお問合せをしてくださいますよう、お願い申し上げます。

なお、正誤のお問合せ以外の**書籍内容に関する解説および受験指導などは、一切行っておりません。**
そのようなお問合せにつきましては、お答えいたしかねますので、あらかじめご了承ください。

1 「Cyber Book Store」にて正誤表を確認する

TAC出版書籍販売サイト「Cyber Book Store」の
トップページ内「正誤表」コーナーにて、正誤表をご確認ください。

CYBER TAC出版書籍販売サイト
BOOK STORE

URL：https://bookstore.tac-school.co.jp/

2 **1**の正誤表がない、あるいは正誤表に該当箇所の記載がない
⇒ 下記①、②のどちらかの方法で文書にて問合せをする

★ご注意ください★

お電話でのお問合せは、お受けいたしません。
①、②のどちらの方法でも、お問合せの際には、「お名前」とともに、
「対象の書籍名（○級・第○回対策も含む）およびその版数（第○版・○○年度版など）」
「お問合せ該当箇所の頁数と行数」
「誤りと思われる記載」
「正しいとお考えになる記載とその根拠」
を明記してください。
なお、回答までに１週間前後を要する場合もございます。あらかじめご了承ください。

① ウェブページ「Cyber Book Store」内の「お問合せフォーム」より問合せをする

【お問合せフォームアドレス】

https://bookstore.tac-school.co.jp/inquiry/

② メールにより問合せをする

【メール宛先　TAC出版】

syuppan-h@tac-school.co.jp

※土日祝日はお問合せ対応をおこなっておりません。
※正誤のお問合せ対応は、該当書籍の改訂版刊行月末日までといたします。

乱丁・落丁による交換は、該当書籍の改訂版刊行月末日までといたします。なお、書籍の在庫状況等により、お受けできない場合もございます。
また、各種本試験の実施の延期、中止を理由とした本書の返品はお受けいたしません。返金もいたしかねますので、あらかじめご了承くださいますようお願い申し上げます。

（2022年7月現在）

合格トレーニング
建設業経理士2級

CONTENTS

1-1

利益など （170,000）円			請 負 工 事 価 格
販売費・一般管理費 100,000円		（ 総 原 価 ）	
工事間接費 80,000円	（ 工 事 原 価 ）		
直接材料費 120,000円	工 事 直 接 費		
（直接労務費） 100,000円			
直接外注費 50,000円			
直接経費 （30,000）円	（300,000）円	380,000円	480,000円	650,000円

1-2

①	2,500,000円	②	1,060,000円	③	3,560,000円
④	4,600,000円	⑤	1,040,000円		

解答への道

① 　1,000,000円＋600,000円＋800,000円＋100,000円
　　　　　　　　　　　　　　　　　＝2,500,000円

② 　200,000円＋160,000円＋700,000円＝1,060,000円

③ 　①＋②＝3,560,000円

④ 　5,000,000円－400,000円＝4,600,000円

⑤ 　④－③＝1,040,000円

1-3

	第101工事	第102工事
工事原価	698,000円	492,000円

解答への道

(1)　工事間接費（工事番号なし）の配賦

第101工事：$\dfrac{30{,}000円＋15{,}000円＋10{,}000円}{3＋2} \times 3$

　　　　＝33,000円

第102工事：$\dfrac{30{,}000円＋15{,}000円＋10{,}000円}{3＋2} \times 2$

　　　　＝22,000円

(2)　工事原価の計算

	第101工事	第102工事
直接材料費	210,000円	150,000円
直接労務費	165,000円	120,000円
直接外注費	250,000円	150,000円
直 接 経 費	40,000円	50,000円
工事間接費	33,000円	22,000円
工 事 原 価	698,000円	492,000円

1-4

工事間接費

(1)材　　料	22,000	(4)未成工事支出金	36,000
(2)賃　　金	14,000		
	36,000		36,000

	借方科目	金額	貸方科目	金額
(1)	未成工事支出金	50,000	材　　　料	72,000
	工 事 間 接 費	22,000		
(2)	未成工事支出金	26,000	賃　　　金	40,000
	工 事 間 接 費	14,000		
(3)	未成工事支出金	20,000	外 　注　 費	20,000
(4)	未成工事支出金	36,000	工 事 間 接 費	36,000
(5)	完 成 工 事 原 価	130,000	未成工事支出金	130,000

材　　　料

前 月 繰 越	10,000	(1)未成工事支出金	50,000
× × ×	64,000	(1)工 事 間 接 費	22,000
		次 月 繰 越	2,000
	74,000		74,000
前 月 繰 越	2,000		

賃　　　金

× × ×	40,000	(2)未成工事支出金	26,000
		(2)工 事 間 接 費	14,000
	40,000		40,000

外 　注　 費

× × ×	20,000	(3)未成工事支出金	20,000

完 成 工 事 原 価

(5)未成工事支出金	130,000		

未 成 工 事 支 出 金

前 月 繰 越	16,000	(5)完成工事原価	130,000
(1)材　　料	50,000	次 月 繰 越	18,000
(2)賃　　金	26,000		
(3)外 　注　 費	20,000		
(4)工 事 間 接 費	36,000		
	148,000		148,000
前 月 繰 越	18,000		

1-5

	借方科目	金額	貸方科目	金額
(1)	材　　　　料	60,000	支 払 手 形	60,000
(2)	未成工事支出金	40,000	材　　　　料	55,000
	工 事 間 接 費	15,000		
(3)	賃　　　　金	90,000	現　　　　金	90,000
(4)	未成工事支出金	70,000	賃　　　　金	95,000
	工 事 間 接 費	17,500		
	販売費及び一般管理費	7,500		
(5)	外 　注　 費	50,000	現　　　　金	50,000
(6)	未成工事支出金	55,000	外 　注　 費	55,000
(7)	経　　　　費	60,000	当 座 預 金	60,000
(8)	工 事 間 接 費	50,000	経　　　　費	65,000
	販売費及び一般管理費	15,000		
(9)	未成工事支出金	82,500	工 事 間 接 費	82,500
(10)	完 成 工 事 原 価	200,000	未成工事支出金	200,000
(11)	完成工事未収入金	350,000	完 成 工 事 高	350,000
(12)	完 成 工 事 高	350,000	月 次 損 益	350,000
	月 次 損 益	222,500	完 成 工 事 原 価	200,000
			販売費及び一般管理費	22,500

材　　　　料

前 月 繰 越	10,000	(2)未成工事支出金	40,000
(1)支 払 手 形	60,000	(2)工 事 間 接 費	15,000
		次 月 繰 越	15,000
	70,000		70,000
前 月 繰 越	15,000		

〈4〉

賃　　　金

(3)現　　　金	90,000	前 月 繰 越	10,000
次 月 繰 越	15,000	(4)未成工事支出金	70,000
		(4)工 事 間 接 費	17,500
		(4)販売費及び一般管理費	7,500
	105,000		105,000
		前 月 繰 越	15,000

外　　注　　費

(5)現　　　金	50,000	前 月 繰 越	10,000
次 月 繰 越	15,000	(6)未成工事支出金	55,000
	65,000		65,000
		前 月 繰 越	15,000

経　　　費

前 月 繰 越	8,000	(8)工 事 間 接 費	50,000
(7)当 座 預 金	60,000	(8)販売費及び一般管理費	15,000
		次 月 繰 越	3,000
	68,000		68,000
前 月 繰 越	3,000		

完 成 工 事 原 価

(10)未成工事支出金	200,000	(12)月 次 損 益	200,000

未 成 工 事 支 出 金

前 月 繰 越	20,000	(10)完成工事原価	200,000
(2)材　　　料	40,000	次 月 繰 越	67,500
(4)賃　　　金	70,000		
(6)外　 注　 費	55,000		
(9)工 事 間 接 費	82,500		
	267,500		267,500
前 月 繰 越	67,500		

工 事 間 接 費

(2)材　　　料	15,000	(9)未成工事支出金	82,500
(4)賃　　　金	17,500		
(8)経　　　費	50,000		
	82,500		82,500

販売費及び一般管理費

(4)賃　　　金	7,500	(12)月 次 損 益	22,500
(8)経　　　費	15,000		
	22,500		22,500

月 次 損 益

(12)完成工事原価	200,000	(12)完成工事高	350,000
(12)販売費及び一般管理費	22,500		

完 成 工 事 高

(12)月 次 損 益	350,000	(11)完成工事未収入金	350,000

〈5〉

2-1

〈購入時資産処理法〉

	借方科目	金額	貸方科目	金額
(1)	材　　　　料	11,000	当座預金	11,000
(2)	未成工事支出金	6,600	材　　　　料	9,350
	工事間接費	2,750		
(3)	仕訳不要			

〈購入時材料費処理法〉

	借方科目	金額	貸方科目	金額
(1)	材　料　費	11,000	当座預金	11,000
(2)	未成工事支出金	6,600	材　料　費	9,350
	工事間接費	2,750		
(3)	材　　　　料	1,650	材　料　費	1,650

解答への道

(2)　未成工事支出金：$\dfrac{11,000円}{100kg}$（＝@110円）×60kg

$\qquad\qquad\qquad = 6,600円$

　　工事間接費：@110円×25kg＝2,750円

2-2

借方科目	金額	貸方科目	金額
主要材料	2,450,000	工事未払金	2,720,000
買入部品	120,000	諸　　口	150,000
燃　　料	100,000		
仮設材料	200,000		

2-3

	借方科目	金額	貸方科目	金額
(1)	工事未払金	36,000	材　　料	36,000
(2)	工事未払金	15,000	材　　料	15,000

解答への道

1．建設業において仕入れを掛けで行った場合，工事未払金勘定で処理します。

2-4

	借方科目	金額	貸方科目	金額
(1)	工事未払金	104,000	材　　料	104,000
(2)	現　　金	90,000	材　　料	90,000

2-5

	借方科目	金額	貸方科目	金額
(1)	材　　料	50,000	工事未払金	50,000
(2)	工事未払金	50,000	当座預金	49,000
			仕入割引	1,000

2-6

	借方科目	金額	貸方科目	金額
(1)	材　　料	60,000	工事未払金	60,000
(2)	工事未払金	1,500	材　　料	1,500
(3)	工事未払金	1,170	材　　料	1,170
(4)	工事未払金	40,000	当座預金	39,600
			仕入割引	400

材		料	
前月繰越	2,000	工事未払金	1,500
工事未払金	60,000	工事未払金	1,170
		次月繰越	59,330
	62,000		62,000
前月繰越	59,330		

解答への道

(4)　仕入割引：40,000円×1％＝400円

〈6〉

2-7

[問1] 先入先出法で消費単価を決定した場合

材 料 元 帳

(先入先出法)

令和○年		摘 要	受 入 高			払 出 高			残 高		
			数 量	単 価	金 額	数 量	単 価	金 額	数 量	単 価	金 額
9	1	前 月 繰 越	500	100	50,000				500	100	50,000
	8	仕　　　入	300	108	32,400				500	100	50,000
									300	108	32,400
	15	払　　　出				400	100	40,000	100	100	10,000
									300	108	32,400
	22	仕　　　入	200	109	21,800				100	100	10,000
									300	108	32,400
									200	109	21,800
	26	払　　　出				100	100	10,000			
						300	108	32,400			
						100	109	10,900	100	109	10,900
	28	仕　　　入	300	111	33,300				100	109	10,900
									300	111	33,300

当月の材料費　93,300円

[問2] 移動平均法で消費単価を決定した場合

材 料 元 帳

(移動平均法)

令和○年		摘 要	受 入 高			払 出 高			残 高		
			数 量	単 価	金 額	数 量	単 価	金 額	数 量	単 価	金 額
9	1	前 月 繰 越	500	100	50,000				500	100	50,000
	8	仕　　　入	300	108	32,400				800	103	82,400
	15	払　　　出				400	103	41,200	400	103	41,200
	22	仕　　　入	200	109	21,800				600	105	63,000
	26	払　　　出				500	105	52,500	100	105	10,500
	28	仕　　　入	300	111	33,300				400	109.5	43,800

当月の材料費　93,700円

解答への道

1．先入先出法とは

　最も古く取得されたものから順次払い出しが行われ，期末棚卸品は最も新しく取得されたものからなるものとみなして期末棚卸品の価額を算定する方法です。

2．移動平均法とは

　取得した棚卸資産の平均原価を算出し，この平均原価によって期末棚卸品の価額を算定する方法を平均原価法といいます。移動平均法は，平均原価法のうちの1つの方法であり，棚卸資産の取得ごとに平均原価を算定する方法です。

3．当月の材料費

問1，問2それぞれの材料元帳の払出高の合計額が当月の材料費の金額となります。

2-8

材　料　元　帳

（総平均法）

令和○年		摘　　要	受　入　高			払　出　高			残　　高		
			数　量	単　価	金　額	数　量	単　価	金　額	数　量	単　価	金　額
9	1	前 月 繰 越	500	98	49,000				500	98	49,000
	8	仕　　　入	300	108	32,400				800		
	15	払　　　出				400			400		
	22	仕　　　入	200	109	21,800				600		
	26	払　　　出				500			100		
	28	仕　　　入	300	111	33,300				400		
	30	次 月 繰 越				400	105	42,000			
			1,300	105	136,500	1,300	105	136,500			

当月の材料費　　94,500円

（注）　月中の払出高，残高のところは記入しても意味がないので通常，記入しません。

2-9

	借 方 科 目	金 額	貸 方 科 目	金 額
(1)	未成工事支出金	130,000	材　　　料	140,000
	工 事 間 接 費	10,000		
(2)	未成工事支出金	1,000	材　　　料	1,960
	材 料 評 価 損	960		

材　　　　　料

前 月 繰 越	15,000	(1)未成工事支出金	130,000
材料仕入帳より	150,000	(1)工 事 間 接 費	10,000
		(2)未成工事支出金	1,000
		(2)材 料 評 価 損	960
		次 月 繰 越	23,040
	165,000		165,000
前 月 繰 越	23,040		

解答への道

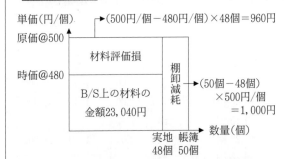

単価（円/個）→（500円/個－480円/個）×48個＝960円
原価@500

材料評価損

棚卸減耗

時価@480

B/S上の材料の金額23,040円

→（50個－48個）×500円/個＝1,000円

数量（個）

実地　帳簿
48個　50個

まず，棚卸減耗（500円で購入した材料が何個不足しているか）を計算します。

そして次に，残っている材料の単価をいくら引き下げるかを考え，評価損を計算します。

なお，棚卸減耗は原価性があるため，問題文の指示により，未成工事支出金勘定と処理します。

2-10

(1) | 2,946,000 | 円　　(2) | 34,800 | 円

解答への道

(1) 仕入割引は材料勘定に記入しないので注意してください。

Ａ　材　料

期首残高		仕入値引	
	370,400円		68,000円
当期仕入高		仕入割戻	
	3,100,000円		74,000円
		当期消費額	
			2,946,000円
		棚卸減耗	
			73,600円
		実地棚卸高	
			308,800円

(2)

原価@1,200円

材料評価損	棚卸減耗

時価@1,080円

実地　　　帳簿
290kg(＊)　300kg

（＊）　実地棚卸数量：　300kg　－　10kg　＝290kg
　　　　　　　　　　帳簿棚卸数量　棚卸減耗

　　　材料評価損：（@1,200円－@1,080円）×290kg
　　　　　　　　　＝34,800円

2-11

	借方科目	金　額	貸方科目	金　額
(1)	未成工事支出金	480,000	材　料　費	480,000
(2)	材　料　費	180,000	未成工事支出金	180,000

解答への道

(1) 購入時材料費処理法を採用しているため，材料は，材料費勘定で処理します。

(2) 工事完了後に仮設材料の資産価値を評価し，未成工事支出金勘定を減少させます。

3-1

借 方 科 目	金 額	貸 方 科 目	金 額
賃　　　金	11,567,000	現　　　金	10,807,000
		預　り　金	760,000

3-2

	借 方 科 目	金 額	貸 方 科 目	金 額
	未成工事支出金	8,800,000	賃　　金	11,000,000
31日	工 事 間 接 費	1,500,000		
	販売費及び一般管理費	700,000		

3-3

(1) 賃金勘定と工事未払金勘定で処理する場合

	借 方 科 目	金 額	貸 方 科 目	金 額
①	工 事 未 払 金	75,000	賃　　金	75,000
②	未成工事支出金	240,000	賃　　金	347,500
	工 事 間 接 費	107,500		
③	賃　　金	337,500	当 座 預 金	337,500
④	賃　　金	85,000	工 事 未 払 金	85,000

賃　　　　金

③当 座 預 金	337,500	①工事未払金	75,000
④工事未払金	85,000	②諸　　口	347,500
	422,500		422,500

工 事 未 払 金

①賃　　金	75,000	前 月 繰 越	75,000
次 月 繰 越	85,000	④賃　　金	85,000
	160,000		160,000

(2) 賃金勘定のみで処理する場合

	借 方 科 目	金 額	貸 方 科 目	金 額
①	仕 訳 不 要			
②	未成工事支出金	240,000	賃　　金	347,500
	工 事 間 接 費	107,500		
③	賃　　金	337,500	当 座 預 金	337,500
④	仕 訳 不 要			

賃　　　　金

③当 座 預 金	337,500	前 月 繰 越	75,000
次 月 繰 越	85,000	②諸　　口	347,500
	422,500		422,500

解答への道

　賃金勘定のみで処理する場合は，月初の再振替仕訳と当月未払額を賃金勘定から未払賃金勘定へと振り替える仕訳は不要です。

　なお，当月の賃金未払額は，賃金勘定の貸借差額または，次の算式で計算します。

$$337,500円 - 75,000円 + \text{?} = 347,500円$$
　　当月支払　　前月未払　　当月未払　　当月消費

　？＝85,000円

3-4

	借 方 科 目	金 額	貸 方 科 目	金 額
(1)	仕 訳 不 要			
(2)	賃　　金	325,000	現　　　金	300,500
			預　り　金	24,500
(3)	未成工事支出金	275,000	賃　　金	330,000
	工 事 間 接 費	55,000		
(4)	仕 訳 不 要			

	賃		金	
(2)諸　　　口	325,000	前 月 繰 越	92,500
次 月 繰 越	97,500	(3)諸　　　口	330,000
	422,500		422,500
		前 月 繰 越	97,500

	賃		金	
(2)諸　　　口	3,300,000	前 月 繰 越	840,000
次 月 繰 越	630,000	(3)諸　　　口	3,030,000
		(5)賃 率 差 異	60,000
	3,930,000		3,930,000
		前 月 繰 越	630,000

	賃 率 差 異			
(5)賃　　　金	60,000	次 月 繰 越	60,000
前 月 繰 越	60,000		

3-5

	借 方 科 目	金 額	貸 方 科 目	金 額
(1)	仕 訳 不 要			
(2)	賃 金・給 料	1,573,000	当 座 預 金	1,433,000
			預 り 金	140,000
(3)	未成工事支出金	1,300,000	賃 金・給 料	1,443,000
	工 事 間 接 費	143,000		
(4)	仕 訳 不 要			

	賃 金・給 料			
(2)諸　　　口	1,573,000	前 月 繰 越	292,000
次 月 繰 越	162,000	(3)諸　　　口	1,443,000
	1,735,000		1,735,000
		前 月 繰 越	162,000

3-6

	借 方 科 目	金 額	貸 方 科 目	金 額
(1)	仕 訳 不 要			
(2)	賃　　　金	3,300,000	当 座 預 金	2,805,000
			預 り 金	495,000
(3)	未成工事支出金	2,460,000	賃　　　金	3,030,000
	工 事 間 接 費	570,000		
(4)	仕 訳 不 要			
(5)	賃 率 差 異	60,000	賃　　　金	60,000
(6)	仕 訳 不 要			

解答への道

(5) 賃率差異：

$$3,030,000円 - 3,090,000円 = △60,000円（借方差異）$$
　　予定消費賃金　実際消費賃金

(6) 当月賃金未払額：

$$3,300,000円 - 840,000円 + \quad ?$$
　　当月支払　　前月未払　　当月未払

$$= 3,090,000円$$
　　当月実際消費額

$$? = 630,000円$$

〈 11 〉

4-1

	借方科目	金額	貸方科目	金額
(1)	工事費前渡金	875,000	当座預金	875,000
(2)	外　注　費	1,500,000	工事費前渡金	875,000
			工事未払金	625,000
(3)	外　注　費	1,000,000	工事未払金	1,000,000
(4)	工事未払金	1,625,000	現　　　金	1,625,000

解答への道

(1) 建設業においては，他の製造業に比べ外注費の金額が多額である場合が多いため，工事費を前払いする慣習があります。この前払額は工事費前渡金勘定により処理します。

(2) 下請工事の進行程度が判明した場合，それに応じて工事原価（外注費）の発注額を把握します。工事費前渡金との差額は，工事未払金として処理します。

　外注費：2,500,000円×60%＝1,500,000円

(3) 完成した時点で，契約代金の残額を外注費として計上します。

　外注費：2,500,000円－1,500,000円＝1,000,000円

(4) 工事未払金：625,000円＋1,000,000円＝1,625,000円

4-2

	借方科目	金額	貸方科目	金額
(1)	工事費前渡金	1,500,000	当座預金	1,500,000
(2)	外　注　費	2,500,000	工事費前渡金	1,500,000
			工事未払金	1,000,000
(3)	外　注　費	2,500,000	当座預金	3,000,000
	工事未払金	500,000		
(4)	工事未払金	500,000	支払手形	500,000
(5)	未成工事支出金	5,000,000	外　注　費	5,000,000

外　注　費

(2)諸　　　口	2,500,000	(5)未成工事支出金	5,000,000
(3)当座預金	2,500,000		

4-3

		借方科目	金額	貸方科目	金額
(1)	①	修　繕　費	45,000	当座預金	45,000
	②	工事間接費	34,400	修　繕　費	43,000
		販売費及び一般管理費	8,600		
(2)		工事間接費	5,000	材　　　料	30,000
		棚卸減耗損	25,000		
(3)	①	電　力　料	45,000	当座預金	45,000
	②	工事間接費	30,000	電　力　料	40,000
		販売費及び一般管理費	10,000		
(4)	①	減価償却費	36,000	減価償却累計額	36,000
	②	工事間接費	36,000	減価償却費	36,000

4-4

経　費	当月消費額
設　計　費	24,500
支払運賃	32,800
通　信　費	43,700
保　管　料	47,000
修　繕　費	44,100
消耗品費	56,700

解答への道

次の関係に注意してください。

費	用
当月支払	前月未払
前月前払	当月前払
当月未払	当月消費

4-5

(1)	45,000円	(2)	36,000円
(3)	5,000円	(4)	10,000円
(5)	24,000円	(6)	77,000円

解答への道

(1)減価償却費と(4)租税公課は，当年度分が計上されているため，原価計算期間分は $\dfrac{1\,カ月分}{12\,カ月分}$ となります。

(5) 電力料は，当月測定額をもって当月の消費額とします。

(6) 運賃：65,000円＋8,000円＋4,000円＝77,000円
　　　　当月支払　前月前払　当月未払

4-6

(1)

経 費 仕 訳 帳

（単位：円）

令和×年		摘　要	費　目	借方			貸方
				未成工事支出金	工事間接費	販売費及び一般管理費	金　額
11	30	月割経費	減価償却費		(2,500)	500	(3,000)
	〃	測定経費	電 力 料		(8,200)	1,000	(9,200)
	〃	支払経費	設 計 費	(32,000)			(32,000)
	〃	発生経費	棚卸減耗費		(5,000)		(5,000)
				(32,000)	(15,700)	1,500	(49,200)

(2) 合計仕訳

	借方科目	金　額	貸方科目	金　額
11/30	未成工事支出金	32,000	減価償却費	3,000
	工事間接費	15,700	電 力 料	9,200
	販売費及び一般管理費	1,500	設 計 費	32,000
			材 料	5,000

4-7

経 費 仕 訳 帳

（単位：円）

令和×年		摘　要	費　目	借方			貸方
				未成工事支出金	工事間接費	販売費及び一般管理費	金　額
10	31	(月割経費)	減価償却費		(35,000)	15,000	(50,000)
	〃	支払経費	保 管 料		(100,000)		(100,000)
	〃	(測定経費)	電 力 料		13,000	(7,000)	(20,000)
	〃	(支払経費)	設 計 費	(128,000)			(128,000)
	〃	(発生経費)	棚卸減耗費		(30,000)		(30,000)
				(128,000)	(178,000)	(22,000)	(328,000)

	借方科目	金　額	貸方科目	金　額
10/31	未成工事支出金	128,000	減価償却費	50,000
	工事間接費	178,000	保 管 料	100,000
	販売費及び一般管理費	22,000	電 力 料	20,000
			設 計 費	128,000
			材 料	30,000

減 価 償 却 費

		諸　　口	(50,000)

保 管 料

諸　　口	100,000	(工事間接費)	(100,000)

電 力 料

諸　　口	20,000	諸　　口	(20,000)

設 計 費

諸　　口	128,000	(未成工事支出金)	(128,000)

未 成 工 事 支 出 金

(設 計 費)	(128,000)		

工 事 間 接 費

諸　　口	(178,000)		

販 売 費 及 び 一 般 管 理 費

諸　　口	(22,000)		

材 料

		(工事間接費)	30,000

5-1

(1) 工事間接費配賦額

	工 事 A	工 事 B
① 直接材料費基準	240,000円	208,000円
② 直接労務費基準	160,000円	128,000円
③ 直接原価基準	176,000円	144,000円
④ 直接作業時間基準	192,000円	184,000円
⑤ 機械運転時間基準	200,000円	176,000円

(2) 完成工事原価

	工 事 A	工 事 B
① 直接材料費基準	570,000円	478,000円
② 直接労務費基準	490,000円	398,000円
③ 直接原価基準	506,000円	414,000円
④ 直接作業時間基準	522,000円	454,000円
⑤ 機械運転時間基準	530,000円	446,000円

解答への道

(1) 工事間接費配賦額
　① 直接材料費基準

$$工事A：800,000円 \times \frac{150,000円}{500,000円} = 240,000円$$

$$工事B：800,000円 \times \frac{130,000円}{500,000円} = 208,000円$$

　② 直接労務費基準

$$工事A：800,000円 \times \frac{120,000円}{600,000円} = 160,000円$$

$$工事B：800,000円 \times \frac{96,000円}{600,000円} = 128,000円$$

　③ 直接原価基準

$$工事A：800,000円 \times \frac{330,000円}{1,500,000円} = 176,000円$$

$$工事B：800,000円 \times \frac{270,000円}{1,500,000円} = 144,000円$$

　④ 直接作業時間基準

$$工事A：800,000円 \times \frac{240時間}{1,000時間} = 192,000円$$

$$工事B：800,000円 \times \frac{230時間}{1,000時間} = 184,000円$$

　⑤ 機械運転時間基準

$$工事A：800,000円 \times \frac{1,250時間}{5,000時間} = 200,000円$$

$$工事B：800,000円 \times \frac{1,100時間}{5,000時間} = 176,000円$$

(2) 完成工事原価
　① 直接材料費基準

工事A：150,000円＋120,000円＋15,000円
　　　　＋45,000円＋240,000円＝570,000円

工事B：130,000円＋96,000円＋20,000円
　　　　＋24,000円＋208,000円＝478,000円

　② 直接労務費基準

工事A：150,000円＋120,000円＋15,000円
　　　　＋45,000円＋160,000円＝490,000円

工事B：130,000円＋96,000円＋20,000円
　　　　＋24,000円＋128,000円＝398,000円

　③ 直接原価基準

工事A：150,000円＋120,000円＋15,000円
　　　　＋45,000円＋176,000円＝506,000円

工事B：130,000円＋96,000円＋20,000円
　　　　＋24,000円＋144,000円＝414,000円

　④ 直接作業時間基準

工事A：150,000円＋120,000円＋15,000円
　　　　＋45,000円＋192,000円＝522,000円

工事B：130,000円＋96,000円＋20,000円
　　　　＋24,000円＋184,000円＝454,000円

　⑤ 機械運転時間基準

工事A：150,000円＋120,000円＋15,000円
　　　　＋45,000円＋200,000円＝530,000円

工事B：130,000円＋96,000円＋20,000円
　　　　＋24,000円＋176,000円＝446,000円

5-2

	借方科目	金額	貸方科目	金額
(1)	未成工事支出金	1,530,000	工事間接費	1,530,000
(2)	工事間接費	90,000	工事間接費配賦差異	90,000

工 事 間 接 費

諸　　　口	1,440,000	未成工事支出金	1,530,000
工事間接費配賦差異	90,000		

工事間接費配賦差異

		工 事 間 接 費	90,000

解答への道

予定配賦率：$\dfrac{18,000,000円}{36,000時間}=500円/時間$

予定配賦額：500円/時間×3,060時間＝1,530,000円

5-3

	借方科目	金額	貸方科目	金額
(1)	未成工事支出金	2,528,000	工事間接費	2,528,000
(2)	工事間接費	1,100,000	材料	1,100,000
(3)	工事間接費	860,000	賃金・給料	860,000
(4)	工事間接費	600,000	機械装置	600,000
(5)	工事間接費配賦差異	152,000	工事間接費	152,000

解答への道

予定配賦率：$\dfrac{28,440,000円}{36,000時間}=790円/時間$

予定配賦額：790円/時間×3,200時間＝2,528,000円

工事間接費		工事間接費配賦差異

(2)	1,100,000	(1)	2,528,000	→	(5)	152,000
(3)	860,000	差異	152,000			
(4)	600,000					
(5)	120,000					

5-4

問1　| 10 | ％　　　問2　| 89,200 | 円

問3　| 18,500 | 円　記号（XまたはY）| Y |

解答への道

問1　当会計期間における工事間接費の予定配賦率

$\underset{\text{工事間接費予算額}}{9,450,500円}\div\underset{\text{直接原価総発生見積額}}{94,505,000円}(*)=0.1\,(10\%)$

（＊）$\underset{\text{材料費}}{25,726,300円}+\underset{\text{労務費}}{26,241,500円}+\underset{\text{外注費}}{35,456,000円}$

$+\underset{\text{直接経費}}{7,081,200円}=94,505,000円$

問2　当月における101工事への工事間接費予定配賦額

$\underset{\text{101工事当月直接原価}}{892,000円}(*)\times10\%=89,200円$

（＊）$\underset{\text{材料費}}{204,600円}+\underset{\text{労務費}}{188,400円}+\underset{\text{外注費}}{400,200円}$

$+\underset{\text{直接経費}}{98,800円}=892,000円$

問3　当月における工事間接費配賦差異

$\underset{\text{予定配賦額}}{791,100円}(*)-\underset{\text{実際発生額}}{772,600円}$

＝18,500円（有利差異「Y」）

（＊）$(\underset{\text{材料費合計}}{2,043,000円}+\underset{\text{労務費合計}}{2,186,000円}+\underset{\text{外注費合計}}{3,054,000円}$

$+\underset{\text{直接経費合計}}{628,000円})\times10\%=791,100円$

5-5

問1 | 2,150 | 円/時間
問2 甲工事 | 90,300 | 円
　　 乙工事 | 79,550 | 円
問3 | 3,950 | 円　記号（XまたはY） | X |

解答への道

問1 現場予定配賦率
　　6,020,000円÷2,800時間＝@2,150円/時間
問2 現場技術者の給料手当の予定配賦額
　　甲工事：@2,150円/時間×42時間＝90,300円
　　乙工事：@2,150円/時間×37時間＝79,550円
問3 現場技術者の給料手当に関する配賦差異
　　488,050円(＊)−492,000円＝△3,950(不利差異「X」)
（＊）予定配賦額
　　当月総現場管理実際作業時間：
　　42時間＋37時間＋148時間＝227時間
　　@2,150円/時間×227時間＝488,050円

5-6

問1 | 1,400 | 円/時間
問2 | 1,474 | 円/時間
問3 | 1,250 | 円/時間

解答への道

(1) B建設機械の年間予算

$$3,500,000円 \times \frac{800馬力}{4,000馬力} + 2,800,000円$$

$$=3,500,000円$$

(2) 次期予定操業度における予定配賦率

$$\frac{3,500,000円}{2,500時間} = 1,400円/時間$$

(3) 長期正常操業度における予定配賦率

$$\frac{3,500,000円}{(2,500時間＋2,400時間＋2,000時間＋2,600時間) \div 4}$$

$$=1,473.68\cdots \rightarrow 1,474円/時間$$

(4) 実現可能最大操業度における予定配賦率

$$\frac{3,500,000円}{350日 \times 8時間} = 1,250円/時間$$

テーマ6　部門別計算

6-1

部門費配分表

（単位：円）

費　目	配賦基準	合　計	施　工　部　門		補　助　部　門		
			第1部門	第2部門	機械部門	車両部門	仮設部門
部門個別費		419,300	115,600	132,400	86,200	53,600	31,500
部門共通費							
建物管理費	占有面積	75,030	30,750	18,450	12,300	9,840	3,690
減価償却費	使用時間	53,760	19,200	17,280	5,760	3,840	7,680
電力料	電力消費量	41,580	11,340	17,010	8,190	2,835	2,205
福利費	従業員数	19,350	6,192	5,418	3,096	1,935	2,709
		609,020	183,082	190,558	115,546	72,050	47,784

解答への道

部門共通費の配賦

〈建物管理費〉

$500\,\text{m}^2 + 300\,\text{m}^2 + 200\,\text{m}^2 + 160\,\text{m}^2 + 60\,\text{m}^2 = 1{,}220\,\text{m}^2$

第1施工部門：$75{,}030円 \times \dfrac{500\,\text{m}^2}{1{,}220\,\text{m}^2} = 30{,}750円$

第2施工部門：$75{,}030円 \times \dfrac{300\,\text{m}^2}{1{,}220\,\text{m}^2} = 18{,}450円$

機械部門：$75{,}030円 \times \dfrac{200\,\text{m}^2}{1{,}220\,\text{m}^2} = 12{,}300円$

車両部門：$75{,}030円 \times \dfrac{160\,\text{m}^2}{1{,}220\,\text{m}^2} = 9{,}840円$

仮設部門：$75{,}030円 \times \dfrac{60\,\text{m}^2}{1{,}220\,\text{m}^2} = 3{,}690円$

〈減価償却費〉

$100\text{h} + 90\text{h} + 30\text{h} + 20\text{h} + 40\text{h} = 280\text{h}$

第1施工部門：$53{,}760円 \times \dfrac{100\text{h}}{280\text{h}} = 19{,}200円$

第2施工部門：$53{,}760円 \times \dfrac{90\text{h}}{280\text{h}} = 17{,}280円$

機械部門：$53{,}760円 \times \dfrac{30\text{h}}{280\text{h}} = 5{,}760円$

車両部門：$53{,}760円 \times \dfrac{20\text{h}}{280\text{h}} = 3{,}840円$

仮設部門：$53{,}760円 \times \dfrac{40\text{h}}{280\text{h}} = 7{,}680円$

〈電力料〉

$360\text{kw} + 540\text{kw} + 260\text{kw} + 90\text{kw} + 70\text{kw} = 1{,}320\text{kw}$

第1施工部門：$41{,}580円 \times \dfrac{360\text{kw}}{1{,}320\text{kw}} = 11{,}340円$

第2施工部門：$41{,}580円 \times \dfrac{540\text{kw}}{1{,}320\text{kw}} = 17{,}010円$

機械部門：$41{,}580円 \times \dfrac{260\text{kw}}{1{,}320\text{kw}} = 8{,}190円$

車両部門：$41{,}580円 \times \dfrac{90\text{kw}}{1{,}320\text{kw}} = 2{,}835円$

仮設部門：$41{,}580円 \times \dfrac{70\text{kw}}{1{,}320\text{kw}} = 2{,}205円$

〈福利費〉

$32人 + 28人 + 16人 + 10人 + 14人 = 100人$

第1施工部門：$19{,}350円 \times \dfrac{32人}{100人} = 6{,}192円$

第2施工部門：$19{,}350円 \times \dfrac{28人}{100人} = 5{,}418円$

機械部門：$19{,}350円 \times \dfrac{16人}{100人} = 3{,}096円$

車両部門：$19{,}350円 \times \dfrac{10人}{100人} = 1{,}935円$

仮設部門：$19{,}350円 \times \dfrac{14人}{100人} = 2{,}709円$

① 直接配賦法

部 門 費 振 替 表

(単位：円)

費　　目	合　　計	施 工 部 門		補 助 部 門		
		第1部門	第2部門	機械部門	車両部門	仮設部門
部門費合計	1,873,500	480,000	661,500	300,000	270,000	162,000
機械部門費		187,500	112,500			
車両部門費		135,000	135,000			
仮設部門費		81,000	81,000			
合　　計	1,873,500	883,500	990,000			

② 相互配賦法

部 門 費 振 替 表

(単位：円)

費　　目	合　　計	施 工 部 門		補 助 部 門		
		第1部門	第2部門	機械部門	車両部門	仮設部門
部門費合計	1,873,500	480,000	661,500	300,000	270,000	162,000
第1次配賦						
機械部門費		150,000	90,000	――	60,000	――
車両部門費		121,500	121,500	27,000	――	――
仮設部門費		48,600	48,600	32,400	32,400	――
第2次配賦				59,400	92,400	――
機械部門費		37,125	22,275			
車両部門費		46,200	46,200			
仮設部門費		――	――			
合　　計	1,873,500	883,425	990,075			

③ 階梯式配賦法

部 門 費 振 替 表

(単位：円)

費　　目	合　　計	施 工 部 門		補 助 部 門		
		第1部門	第2部門	車両部門	機械部門	仮設部門
部門費合計	1,873,500	480,000	661,500	270,000	300,000	162,000
仮設部門費		48,600	48,600	32,400	32,400	162,000
機械部門費		166,200	99,720	66,480	332,400	
車両部門費		184,440	184,440	368,880		
合　　計	1,873,500	879,240	994,260			

〈18〉

① 直接配賦法

機械部門費の配賦：

第1施工部門：$300,000円 \times \dfrac{50\%}{50\%+30\%} = 187,500円$

第2施工部門：$300,000円 \times \dfrac{30\%}{50\%+30\%} = 112,500円$

車両部門費の配賦：

第1施工部門：$270,000円 \times \dfrac{45\%}{45\%+45\%} = 135,000円$

第2施工部門：$270,000円 \times \dfrac{45\%}{45\%+45\%} = 135,000円$

仮設部門費の配賦：

第1施工部門：$162,000円 \times \dfrac{30\%}{30\%+30\%} = 81,000円$

第2施工部門：$162,000円 \times \dfrac{30\%}{30\%+30\%} = 81,000円$

② 相互配賦法

第1次配賦

機械部門費の配賦：

第1施工部門：$300,000円 \times \dfrac{50\%}{50\%+30\%+20\%} = 150,000円$

第2施工部門：$300,000円 \times \dfrac{30\%}{50\%+30\%+20\%} = 90,000円$

車両部門：$300,000円 \times \dfrac{20\%}{50\%+30\%+20\%} = 60,000円$

車両部門費の配賦：

第1施工部門：$270,000円 \times \dfrac{45\%}{45\%+45\%+10\%} = 121,500円$

第2施工部門：$270,000円 \times \dfrac{45\%}{45\%+45\%+10\%} = 121,500円$

機械部門：$270,000円 \times \dfrac{10\%}{45\%+45\%+10\%} = 27,000円$

仮設部門費の配賦：

第1施工部門：$162,000円 \times \dfrac{30\%}{30\%+30\%+20\%+20\%} = 48,600円$

第2施工部門：$162,000円 \times \dfrac{30\%}{30\%+30\%+20\%+20\%} = 48,600円$

機械部門：$162,000円 \times \dfrac{20\%}{30\%+30\%+20\%+20\%} = 32,400円$

車両部門：$162,000円 \times \dfrac{20\%}{30\%+30\%+20\%+20\%} = 32,400円$

第2次配賦

機械部門費の配賦：

第1施工部門：$59,400円 \times \dfrac{50\%}{50\%+30\%} = 37,125円$

第2施工部門：$59,400円 \times \dfrac{30\%}{50\%+30\%} = 22,275円$

車両部門費の配賦：

第1施工部門：$92,400円 \times \dfrac{45\%}{45\%+45\%} = 46,200円$

第2施工部門：$92,400円 \times \dfrac{45\%}{45\%+45\%} = 46,200円$

　仮設部門費の配賦：第1次配賦の残高0のため，配賦はしません。

③ 階梯式配賦法

仮設部門費の配賦：

第1施工部門：$162,000円 \times \dfrac{30\%}{30\%+30\%+20\%+20\%} = 48,600円$

第2施工部門：$162,000円 \times \dfrac{30\%}{30\%+30\%+20\%+20\%} = 48,600円$

車両部門：$162,000円 \times \dfrac{20\%}{30\%+30\%+20\%+20\%} = 32,400円$

機械部門：$162,000円 \times \dfrac{20\%}{30\%+30\%+20\%+20\%} = 32,400円$

機械部門費の配賦：

第1施工部門：$332,400円 \times \dfrac{50\%}{50\%+30\%+20\%} = 166,200円$

第2施工部門：$332,400円 \times \dfrac{30\%}{50\%+30\%+20\%} = 99,720円$

車両部門：$332,400円 \times \dfrac{20\%}{50\%+30\%+20\%} = 66,480円$

車両部門費の配賦：

第1施工部門：$368,880円 \times \dfrac{45\%}{45\%+45\%} = 184,440円$

第2施工部門：$368,880円 \times \dfrac{45\%}{45\%+45\%} = 184,440円$

補助部門の順位づけの方法

1．他の補助部門への用役の提供先が多いものほど高順位とします。

2．用役の提供先が同数の場合は次のいずれかの方法によります。

　a．第1次集計額の多い補助部門ほど高順位とします。

b．用役提供額の多い補助部門ほど高順位とします。本問においてその関係は以下のようになります。

用役の提供先	第1次集計額	用役提供額
機械部門 1	300,000	60,000（車両部門へ）
車両部門 1	270,000	27,000（機械部門へ）
仮設部門 2	162,000	32,400（機械部門へ） 32,400（車両部門へ）

よって，高順位のものから仮設部門，機械部門，車両部門の順番となります。

6-3

機 械 部 門 費 計 算 表

（単位：円）

費　　目	配賦基準	合　計	A機械	B機械	C機械
機 械 個 別 費					
修　　繕　　費	————	290,000	150,000	60,000	80,000
運 転 工 賃 金	————	4,750,000	1,650,000	1,500,000	1,600,000
減 価 償 却 費	————	300,000	120,000	80,000	100,000
機 械 共 通 費					
建　　物　　費	面　　　　積	1,000,000	500,000	150,000	350,000
動　　力　　費	馬力数×運転時間	720,000	450,000	90,000	180,000
保　　険　　料	価　　　　格	800,000	400,000	160,000	240,000
間 接 賃 金	工　員　数	3,000,000	1,200,000	750,000	1,050,000
		10,860,000	4,470,000	2,790,000	3,600,000
運 転 時 間			250	100	150
配　　賦　　率			17,880	27,900	24,000

甲工事における機械稼働時間		工事間接費配賦額
A 機 械	60時間	1,072,800円
B 機 械	40時間	1,116,000円
C 機 械	50時間	1,200,000円
合　　　　計		3,388,800円

解答への道

機械共通費配賦額

建 物 費：$1,000,000円 \times \dfrac{50㎡}{100㎡} = 500,000円$（A機械）

$\qquad 1,000,000円 \times \dfrac{15㎡}{100㎡} = 150,000円$（B機械）

$\qquad 1,000,000円 \times \dfrac{35㎡}{100㎡} = 350,000円$（C機械）

動 力 費：A機械：30馬力×250時間＝　7,500

$\qquad$ B機械：15馬力×100時間＝　1,500

$\qquad$ C機械：20馬力×150時間＝　3,000

$\qquad\qquad\qquad\qquad\qquad\quad$ 12,000

$$720,000円 \times \frac{7,500}{12,000} = 450,000円（A機械）$$

$$720,000円 \times \frac{1,500}{12,000} = 90,000円（B機械）$$

$$720,000円 \times \frac{3,000}{12,000} = 180,000円（C機械）$$

保 険 料：$$800,000円 \times \frac{2,000,000円}{4,000,000円} = 400,000円（A機械）$$

$$800,000円 \times \frac{800,000円}{4,000,000円} = 160,000円（B機械）$$

$$800,000円 \times \frac{1,200,000円}{4,000,000円} = 240,000円（C機械）$$

間接賃金：$$3,000,000円 \times \frac{8人}{20人} = 1,200,000円（A機械）$$

$$3,000,000円 \times \frac{5人}{20人} = 750,000円（B機械）$$

$$3,000,000円 \times \frac{7人}{20人} = 1,050,000円（C機械）$$

各機械の実際配賦率
　A機械：4,470,000円÷250時間＝17,880円
　B機械：2,790,000円÷100時間＝27,900円
　C機械：3,600,000円÷150時間＝24,000円
甲工事に対する工事間接費配賦額
　A機械：17,880円×60時間＝1,072,800円
　B機械：27,900円×40時間＝1,116,000円
　C機械：24,000円×50時間＝1,200,000円

6-4

(1) 予定配賦の仕訳

借 方 科 目	金 額	貸 方 科 目	金 額
未成工事支出金	1,130,000	配管工事部門費	390,000
		鉄筋工事部門費	490,000
		舗装工事部門費	250,000

(2) 各部門への実際配賦の仕訳

借 方 科 目	金 額	貸 方 科 目	金 額
配管工事部門費	300,000	材　　料　　費	300,000
鉄筋工事部門費	400,000	労　　務　　費	240,000
舗装工事部門費	200,000	経　　　　　費	600,000
機 械 部 門 費	80,000		
車 両 部 門 費	100,000		
仮 設 部 門 費	60,000		

(3) 補助部門費の施工部門への配賦の仕訳

借 方 科 目	金 額	貸 方 科 目	金 額
配管工事部門費	76,000	機 械 部 門 費	80,000
鉄筋工事部門費	104,000	車 両 部 門 費	100,000
舗装工事部門費	60,000	仮 設 部 門 費	60,000

(4) 各施工部門の施工部門費配賦差異勘定への仕訳

借 方 科 目	金 額	貸 方 科 目	金 額
配管工事部門費	14,000	鉄筋工事部門費	14,000
施工部門費配賦差異	10,000	舗装工事部門費	10,000

(注)　(4)は、

（配管工事部門費）	14,000	（施工部門費配賦差異）	14,000
（施工部門費配賦差異）	24,000	（鉄筋工事部門費）	14,000
		（舗装工事部門費）	10,000

でも可。

解答への道

(3) 補助部門費の施工部門への配賦

	配管工事部門	鉄筋工事部門	舗装工事部門
機械部門費	40,000円(50%)	24,000円(30%)	16,000円(20%)
車両部門費	30,000円(30%)	50,000円(50%)	20,000円(20%)
仮設部門費	6,000円(10%)	30,000円(50%)	24,000円(40%)
	76,000円	104,000円	60,000円

(4) 各施工部門の施工部門費配賦差異の計上

配管工事部門費：390,000円－(300,000円＋76,000円)＝14,000円
　　　　　　　　予定配賦額　　　実際発生額

鉄筋工事部門費：490,000円－(400,000円＋104,000円)＝△14,000円
　　　　　　　　予定配賦額　　　実際発生額

舗装工事部門費：250,000円－(200,000円＋60,000円)＝△10,000円
　　　　　　　　予定配賦額　　　実際発生額　　　△10,000円

〈 21 〉

テーマ7　完成工事原価

7-1

原　価　計　算　表

(単位：円)

費　目 ＼ 工事台帳	No.101	No.102	No.103	合　計
前月繰越高	28,000	——	——	28,000
直接材料費	230,000	216,000	184,000	630,000
直接労務費	84,000	106,000	90,000	280,000
直接外注費	108,000	92,000	76,000	276,000
直 接 経 費	148,000	186,000	206,000	540,000
工事間接費	170,000	230,000	120,000	520,000
合　　計	768,000	830,000	676,000	2,274,000
備　　考	完　成	完　成	未完成	

解答への道

　工事間接費配賦額は，台帳番号のないものを集計すればよいことになります。材料費300,000円，労務費160,000円，経費60,000円を集計した520,000円です。またNo.103に配賦する工事間接費は，次のとおりです。

520,000円（総額）－170,000円（No.101）

－230,000円（No.102）＝120,000円

7-2

未成工事支出金

前 月 繰 越	200,000	完成工事原価	(1,610,000)
材　料　費	(430,000)	次 月 繰 越	(750,000)
賃　　　金	300,000		
外　注　費	580,000		
経　　　費	250,000		
工事間接費	600,000		
	(2,360,000)		(2,360,000)

原　価　計　算　表

(単位：円)

費　目 ＼ 工事台帳	No.101	No.102	No.103	合　計
月初未成工事原価	(90,000)	——	110,000	(200,000)
直接材料費	120,000	180,000	130,000	(430,000)
直接労務費	80,000	(120,000)	100,000	(300,000)
直接外注費	(220,000)	170,000	190,000	(580,000)
直 接 経 費	(130,000)	(120,000)	——	(250,000)
工事間接費	(184,000)	(160,000)	(256,000)	(600,000)
合　　計	(824,000)	750,000	(786,000)	(2,360,000)

解答への道

工事間接費配賦率： $\dfrac{600,000円}{230時間＋200時間＋320時間}$

＝800円/時間

各工事への配賦額

No.101：800円/時間×230時間＝184,000円

No.102：800円/時間×200時間＝160,000円

No.103：800円/時間×320時間＝256,000円

工事原価明細表

令和×8年9月　　　　　　　　　（単位：円）

	当月発生工事原価	当月完成工事原価
Ⅰ．材料費	5 5 4 0 0 0	5 8 1 0 0 0
Ⅱ．労務費	6 1 8 0 0 0	6 4 8 0 0 0
Ⅲ．外注費	1 0 3 1 0 0 0	1 0 7 3 0 0 0
Ⅳ．経　費	5 2 0 0 0 0	5 9 2 0 0 0
（うち人件費）	（ 2 2 4 0 0 0 ）	（ 2 3 6 0 0 0 ）
完成工事原価	2 7 2 3 0 0 0	2 8 9 4 0 0 0

解答への道

(1) 当月発生工事原価

　① 材料費

　　6,000円＋612,000円－61,000円－3,000円
　　月初有高　総仕入高　値引・返品高　月末有高
　　＝554,000円

　② 労務費

　　630,000円－64,000円＋52,000円＝618,000円
　　　支払高　　月初未払　月末未払

　③ 外注費

　　1,020,000円－105,000円＋116,000円＝1,031,000円
　　　支払高　　　月初未払　月末未払

　④ 経費

　　172,000円＋52,000円＋22,000円＋34,000円
　従業員給料手当　法定福利費　事務用品費　通信交通費

　　＋68,000円＋（97,000円＋10,000円－11,000円）
　　動力用水光熱費　地代家賃　月初前払　月末前払

　　＋（78,000円＋13,000円－15,000円）＝520,000円
　　　保険料　月初前払　月末前払

　⑤ 経費のうち人件費

　　172,000円＋52,000円＝224,000円
　従業員給料手当　法定福利費

(2) 当月完成工事原価

　① 材料費

　　144,000円＋554,000円－117,000円＝581,000円
　　月初有高　　　　　　月末有高

　② 労務費

　　212,000円＋618,000円－182,000円＝648,000円
　　月初有高　　　　　　月末有高

　③ 外注費

　　370,000円＋1,031,000円－328,000円＝1,073,000円
　　月初有高　　　　　　月末有高

　④ 経費

　　148,000円＋520,000円－76,000円＝592,000円
　　月初有高　　　　　　月末有高

　⑤ 経費のうち人件費

　　44,000円＋224,000円－32,000円＝236,000円
　　月初有高　　　　　　月末有高

〈23〉

完成工事原価報告書　　　　（単位：円）

自令和x3年4月1日　至令和x4年3月31日

1．材　料　費	（　　　730,000　）
2．労　務　費	（　　　660,000　）
3．外　注　費	（　　　240,000　）
4．経　　　費	（　　　460,000　）
（うち人件費　182,000　）	
完成工事原価	（　　2,090,000　）

解答への道

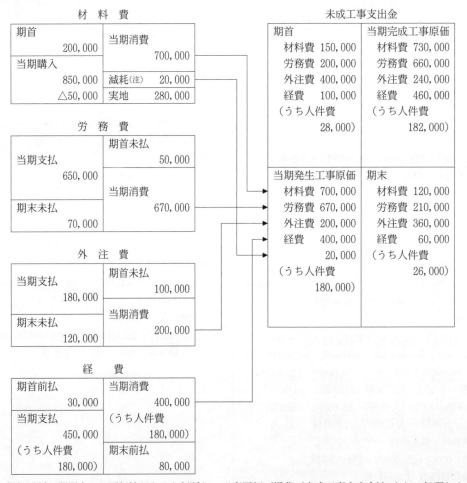

材　料　費

期首	当期消費
200,000	700,000
当期購入	
850,000	減耗(注)　20,000
△50,000	実地　　280,000

労　務　費

	期首未払
当期支払	50,000
650,000	当期消費
期末未払	670,000
70,000	

外　注　費

	期首未払
当期支払	100,000
180,000	当期消費
期末未払	200,000
120,000	

経　　費

期首前払	当期消費
30,000	400,000
当期支払	（うち人件費
450,000	180,000）
（うち人件費	期末前払
180,000）	80,000

未成工事支出金

期首	当期完成工事原価
材料費　150,000	材料費　730,000
労務費　200,000	労務費　660,000
外注費　400,000	外注費　240,000
経費　　100,000	経費　　460,000
（うち人件費	（うち人件費
28,000）	182,000）
当期発生工事原価	期末
材料費　700,000	材料費　120,000
労務費　670,000	労務費　210,000
外注費　200,000	外注費　360,000
経費　　400,000	経費　　60,000
20,000	（うち人件費
（うち人件費	26,000）
180,000）	

(注)　棚卸減耗は問題文より原価性があると判断し，工事原価（経費（未成工事支出金））として処理します。

〈24〉

テーマ8　　工事収益の計上

8-1

	借方科目	金額	貸方科目	金額
(1)	仕訳不要			
(2)	当座預金	120,000	未成工事受入金	120,000
(3)	未成工事受入金	120,000	完成工事高	300,000
	完成工事未収入金	180,000		
	完成工事原価	240,000	未成工事支出金	240,000
(4)	受取手形	180,000	完成工事未収入金	180,000

解答への道

(1) 建設工事の契約締結だけでは，簿記上の取引とはならないので，仕訳は不要です。

(2) 工事代金の一部を契約金という形で入金したのですから，前受金を意味する「未成工事受入金」で処理します。

(3) ビルが完成し，引き渡しが完了したら，この時点で収益を認識し「完成工事高」を計上します。このとき，未成工事受入金を減額するとともに，完成工事高との差額を「完成工事未収入金」として処理します。また，同時に工事原価を「未成工事支出金」から「完成工事原価」に振り替える記帳もします。

(4) 完成工事未収入金の手形による回収です。

8-2

	借方科目	金額	貸方科目	金額
(1)	現金	1,500,000	未成工事受入金	1,500,000
(2)	受取手形	2,000,000	未成工事受入金	2,000,000
(3)	未成工事受入金	3,500,000	完成工事高	6,000,000
	完成工事未収入金	2,500,000		
	完成工事原価	4,560,000	未成工事支出金	4,560,000
(4)	当座預金	2,500,000	完成工事未収入金	2,500,000

8-3

	借方科目	金額	貸方科目	金額
(1)	当座預金	162,500	未成工事受入金	162,500
(2)	未成工事受入金	162,500	完成工事高	195,000
	完成工事未収入金	32,500		
	完成工事原価	136,500	未成工事支出金	136,500
(3)	完成工事未収入金	325,000	完成工事高	325,000
	完成工事原価	237,900	未成工事支出金	237,900
(4)	完成工事未収入金	130,000	完成工事高	130,000
	完成工事原価	93,600	未成工事支出金	93,600
(5)	受取手形	487,500	完成工事未収入金	487,500

解答への道

(1) 工事代金の一部を入金したのですから，前受金を意味する「未成工事受入金」で処理します。

(2) 工事収益の計算は，次のとおりです。

$$650,000円 \times \frac{136,500円}{455,000円} \ (0.3) = 195,000円$$

(3) 第2年度の工事収益の計算は，次のとおりです。

$$650,000円 \times \frac{136,500円 + 237,900円}{468,000円} \ (0.8)$$
$$- 195,000円 = 325,000円$$

第2年度の工事収益は，見積総工事原価の修正があったため，修正後の見積総工事原価に対する発生原価累計額の割合で，2年間の工事収益合計額を求めます。この工事収益合計額から，着工1年目の工事収益を除いた額が第2年度の工事収益となります。

(4) 完成年度の工事収益の計算は，次のとおりです。

650,000円 － (195,000円 + 325,000円) = 130,000円

完成年度の工事収益は，請負価額のうち未計上となっている額です。

(5) 工事代金の未収分は，「完成工事未収入金」の残高です。

32,500円 + 325,000円 + 130,000円 = 487,500円

8-4

1. | | | 2 6 3 2 5 0 | 円   2. | | | | 5 2 6 5 0 | 円

3. | | | 1 9 3 5 0 0 | 円   4. | | | | 8 0 0 0 0 | 円

5. | | | 1 6 0 0 0 0 | 円   6. | | | 2 8 0 0 0 | 円

解答への道

(1) 工事収益額：$585,000円 \times \dfrac{210,600円}{468,000円} = 263,250円$

　　工事総利益：$263,250円 - 210,600円 = 52,650円$

(2) 工事総利益：

　　$1,720,000円 \times \dfrac{580,500円}{1,290,000円} = 774,000円$

　　$774,000円 - 580,500円 = 193,500円$

(3) 当期末までの工事収益額：

　　$250,000円 \times \dfrac{108,500円}{175,000円} = 155,000円$

　　前期末までの工事収益額：

　　$250,000円 \times \dfrac{51,000円}{170,000円} = 75,000円$

　　当期工事収益額：$155,000円 - 75,000円 = 80,000円$

(4) 当期末までの工事収益額：

　　$800,000円 \times \dfrac{468,000円}{520,000円} = 720,000円$

　　前期末までの工事収益額：

　　$800,000円 \times \dfrac{336,000円}{480,000円} = 560,000円$

　　当期工事収益額：$720,000円 - 560,000円 = 160,000円$

　　当期工事原価：$468,000円 - 336,000円 = 132,000円$

　　当期工事総利益：$160,000円 - 132,000円 = 28,000円$

8-5

| 22,500,000 | 円

解答への道

前期の進捗度を含めて，当期の進捗度を計算します。

$\underset{\text{請負価額}}{\underline{30,000,000円}} \times \dfrac{\overset{\text{〈前期と当期の工事原価〉}}{14,625,000円^*}}{\underset{\text{〈総工事原価見積額〉}}{19,500,000円}}(0.75)$

$= 22,500,000円$

　　※　$3,510,000円 + 11,115,000円 = 14,625,000円$

テーマ9　建設業会計（建設業簿記）と原価計算

9-1

(1)	エ	(2)	ア	(3)	カ	(4)	キ	(5)	ケ

解答への道

建設業会計の特徴には，以下の8つがあります。これらを参考に解答を完成させます。

① 建設業は，典型的な受注請負生産業であるため，個々の工事番号別に原価を集計する個別原価計算が採用される。

② 建設工事は，その発注者が政府や地方公共団体などである公共工事が多い。そのため受注には，いわゆる入札制度があり，積算という方法での事前的な原価計算あるいは原価管理を重視する傾向が強い。

③ 受注生産型産業は，大量生産方式を採用できないため，比較的生産期間（工事期間）が長いものが多い。そのため原価計算的にも，間接費や共通費の配賦が期間損益の計算にあたって重要になる。

④ 建設業の生産現場は移動的であるため，製造現場の共通費をどのように配賦すべきかが最も重要なテーマの1つとなる。そこで歩掛という特有のデータも重視される。

⑤ 生産現場が移動的であるということは，生産に使用される諸種の機材も同様に移動的である。よって，常置性固定資産が少ないため単純な減価償却計算だけでなく，損料計算という用語と手法を開発している。

⑥ 工事種類（工種）および作業単位が多様であるため，工種別原価計算が重視される。

⑦ 1つの建設工事の完成のためには，多種多様な専門工事や作業を必要とするため，外注依存度が高い。よって，原価を材料費・労務費・外注費・経費の4つに分類する方法が採用される（通常の原価計算では，材料費・労務費・経費の3つに分類する）。

⑧ 生産現場の移動性などの理由から，建設活動と営業活動との間にジョイント性がある。そのため，本来の建設活動と受注や工事全般管理に関する営業活動とを明確に区別することが難しいが，原価計算的には，極力，工事原価と営業関係費（販売費及び一般管理費）とを区別する努力が必要である。

9-2

(1)	A	(2)	B	(3)	A	(4)	B

解答への道

原価計算制度と特殊原価調査との相違を項目別に比較すると，次のとおりである。

	原価計算制度	特殊原価調査
会計機構との関係	財務会計機構と結合した計算	財務会計機構のうち外で実施される計算および分析
実施期間	常時継続的	随時断片的，個別的
技法	配賦計算中心，会計的	比較計算中心，調査的，統計的
活用原価概念	過去原価，支出原価中心	未来原価，機会原価中心
目的機能	財務諸表作成目的を基本とし，同時に原価管理，予算管理などの目的を達成する。	長期，短期経営計画の立案，管理に伴う，意思決定に役立つ原価情報を提供する。

以上を本問にあてはめると，以下のようになります。

(1) 「現場共通費を各工事現場へ配賦する計算。」

この文章では，配賦計算について述べています。よって，この文章の計算は（A）原価計算制度になります。

(2) 「工事用車両の取り替えが工事原価に及ぼす影響を考慮する計算。」

この文章では比較計算について述べています。よって，この文章の計算は（B）特殊原価調査になります。

(3) 「部門別原価計算における補助部門費を相互配賦法により配賦する。」

この文章では，配賦計算について述べています。よって，この文章の計算は（A）原価計算制度になります。

(4) 「外注している作業を，自社で行った方が良いかど

うかの検討資料を作成する。」

　この文章では比較計算について述べています。よって，この文章の計算は（B）特殊原価調査になります。

9-3

(1)	カ	(2)	イ	(3)	ク	(4)	ウ

解答への道

　原価計算基準では，原価計算制度上の原価を次のように規定しています。

　「経営における一定の給付にかかわらせて，把握された財貨または用役の消費を，貨幣価値的に表したものをいう。」

　その特徴をまとめると次のようになります。

原価計算制度上の原価
- ① 原価は経済価値（物品やサービスなど）の消費である。
- ② 原価は給付に転嫁される価値である。
- ③ 原価は経営目的（生産販売）に関連したものである。
- ④ 原価は正常的なものである。

　なお，ここでいう「給付」とは，経営活動により作り出される財貨または用役をいい，建設業では，完成した工事や未完成の工事（未成工事支出金）を意味します。

　本問は上記を参考に解答を完成させます。

9-4

(1)	B	(2)	A	(3)	C	(4)	B

解答への道

A　工事原価

　工事原価とは「受注した建設工事の完成に伴い発生する経済的な価値犠牲」と定義されています。具体的には建物等の建築物を作るための費用や，工事現場の維持・管理のための費用をいいます。

B　期間費用（ピリオド・コスト）

　期間費用とは，一定期間の収益に関連させて集計す

る原価のことをいいます。すなわち，一会計期間に発生した費用のことであり，販売費及び一般管理費のことをいいます。

C　非原価（原価外項目）

　非原価（原価外項目）とは，上記の工事原価や販売費及び一般管理費に含めない費用または損失をいいます。具体的には次のようなものがあります。

(1) 経営目的に関連しないもの
- ① 投資資産である不動産や有価証券，未稼働の固定資産，長期にわたり休止している設備，その他経営目的に関連しない資産などに関する減価償却費等
- ② 寄付金など経営目的に関連しない支出項目
- ③ 支払利息などの財務費用
- ④ 有価証券の評価損や売却損

(2) 異常な状態を原因とする価値の減少
- ① 異常な仕損，減損，棚卸消耗等
- ② 火災や風水害などの偶発的事故による損失
- ③ 予期し得ない陳腐化等によって固定資産に著しい減価を生じた場合の臨時償却費
- ④ 延滞金，違約金，罰課金，損害賠償金
- ⑤ 偶発債務損失
- ⑥ 訴訟費
- ⑦ 臨時多額の退職手当
- ⑧ 固定資産売却損及び除却損
- ⑨ 異常な貸倒損失

(3) 税法上特に認められている損金算入項目

(4) その他の利益剰余金に課する項目

　以上を本問にあてはめると，以下のようになります。

(1) 「本社で発生した水道光熱費。」

　これは，販売費及び一般管理費であり，総原価に含まれるので，B期間費用に該当します。

(2) 「工事現場へ車両で通勤する作業員の駐車場代。」

　これは，工事現場の維持・管理のための費用になるので，A工事原価に該当します。

(3) 「支店を開設するために資金を借り入れた際の借入金利息。」

　これは，経営目的に関連しないものになるので，C非原価の(1)－③に該当します。

(4) 「完成した建売住宅を販売するために支払った広告宣伝費。」

これは，販売費及び一般管理費であり，総原価に含まれるので，B期間費用に該当します。

9-5

(1)	A	(2)	C	(3)	D	(4)	B

解答への道

A　発生形態別分類

　　原価の発生形態とは，原価を構成する経済財の消費がどのような形態または特性で生ずるかということであり，建設業における原価はこの分類基準により，「材料費」「労務費」「経費」「外注費」に分類されています。よって，この分類に最も関係深い事象は(1)ということになります。

B　作業機能別分類

　　作業機能別分類とは，原価が企業経営を遂行した上で，どのような機能のために発生したかによる分類であり，建設業独特の分類としては，原価を工事種類（工種）別に区分することなどがあげられます。よって，この分類に最も関係深い事象は(4)ということになります。

C　計算対象との関連性分類

　　原価は最終生産物（建設業においては各工事）の生成に関して，工事直接費（直接原価）と工事間接費（間接原価）に分類することができます。すなわちこれは，特定の工事に対して発生する原価を計算できるかできないかという事ですから，この分類に最も関係深い事象は(2)ということになります。

D　操業度との関連性分類

　　操業度の増減に応じて比例的に増減する原価を変動費といい，操業度の増減にかかわらず変化しない原価を固定費といいます。

　　よって，この分類に最も関係深い事象は(3)ということになります。

9-6

(1)	D	(2)	A	(3)	B	(4)	C

解答への道

A　総原価計算

　　工事原価だけで行っている原価計算を工事原価計算といい，これに販売費及び一般管理費まで含めて行う原価計算を総原価計算といいます。

B　事前原価計算

　　原価の測定を請負工事の事前に実施して，標準原価（あらかじめ目標となる原価）等で行う原価計算を事前原価計算といいます。

C　個別原価計算

　　個別原価計算とは，顧客から注文を受けた特定の工事に対し，工事指図書を発行し，工事原価をその工事指図書に集計する原価計算の方法をいいます。

D　形態別原価計算

　　形態別原価計算とは，財務諸表作成目的のために工事原価を材料費，労務費，外注費，経費に分類して行う原価計算の方法をいいます。

E　総合原価計算

　　総合原価計算とは，同一の標準規格品を連続して生産する場合に用いられる原価の計算方法をいい，原価計算期間における総製造原価をその期間の総生産量で割ることにより，その製品単位あたりの製造原価を求める方法をいいます。また，この総合原価計算は素材などの直接材料をまず製造工程の始点で投入し，あとはこの直接材料を，切削・組立などによって加工する生産形態に多く用いられます。そのため原価を直接材料費と加工費（直接材料を加工するためのコスト）の2種類に分類し，計算するのが一般的です。

以上を本問にあてはめると，以下のようになります。

(1)「建設業では，材料費，労務費，経費，外注費を工事原価として完成工事原価報告書を作成する。」

　　この文章では，形態別分類によって原価を表示する完成工事原価報告書の作成に関することをいっています。よって，この文章はD形態別原価計算と関係が深い文章になります。

(2) 「工事原価に販売費及び一般管理費を含めたものが，原価計算基準にいう「原価の本質」の定義における原価性を有するものである。」

　　この文章では，工事原価に販売費及び一般管理費まで含めることをいっています。よって，この文章はA総原価計算と関係が深い文章になります。

(3) 「工事が適正な価額で受注できるかを判断するために行う原価計算であり，建設業では重要視される計算方法である。」

　　この文章では，請負工事の事前に適正な価額で受注できるか否かを判断するということをいっています。よって，この文章はB事前原価計算と関係が深い文章になります。

(4) 「原価計算表を作成する際に，受注した工事別に原価を集計することは，受注生産を行う建設業において原則である。」

　　この文章では，受注した工事別すなわち指図書別に原価を集計することをいっています。よって，この文章はC個別原価計算と関係が深い文章になります。

10-1

	借方科目	金額	貸方科目	金額
(1)	現　　　　金	50,000	受取配当金	50,000
(2)	現　　　　金	30,000	有価証券利息	30,000
(3)	現　　　　金	10,000	完成工事未収入金	10,000
(4)	当座預金	100,000	工事未払金	100,000
(5)	当座預金	40,000	未　払　金	40,000

解答への道

1．通貨代用証券

　紙幣や硬貨のほかに，通貨代用証券も現金勘定で処理します。具体的には，①他人振出の小切手，②郵便為替証書，③配当金領収証，④期限到来済みの公社債の利札，などがあげられます。

2．未渡小切手

　小切手が未渡しである場合，実際には支払いが行われていないため，当座預金勘定を増加させます。

10-2

	借方科目	金額	貸方科目	金額
(1)	当座預金	40,000	未　払　金	40,000
(2)	動力用水光熱費	9,000	当座預金	9,000
(3)	支払手形	120,000	当座預金	120,000

解答への道

1．未処理，未記帳

　会計処理の未処理や未記帳は，期末に修正仕訳を行うことになります。

10-3

	借方科目	金額	貸方科目	金額
(1)	当座預金	100,000	完成工事未収入金	100,000
(2)	支払手数料	3,000	当座預金	3,000
(3)	当座預金	40,000	工事未払金	40,000
(4)	仕　訳　不　要			

貸借対照表に計上される当座預金の金額 <u>1,680,000円</u>

解答への道

1．当社の当座預金残高と銀行残高証明書の残高が不一致の場合，銀行側の調整については修正する必要はありません。調整後の銀行勘定調整表は，企業側と銀行側で必ず一致することになります。

10-4

$\boxed{220,000}$ 円

解答への道

・銀行勘定調整表

　銀行の当座預金残高と当社の当座預金勘定残高の差額を求める問題です。当社の当座預金残高を100,000円と仮定して銀行勘定調整表を作成し，解答を求めます。

銀行勘定調整表			貸借差額
当社の当座預金残高	100,000	銀行の当座預金残高	(320,000)
（加算）		（加算）	
③入金未通知	180,000	②未取立小切手	60,000
（減算）		（減算）	
④引落未通知	20,000	①未取付小切手	120,000
	260,000		260,000

∴　320,000円－100,000円＝220,000円
　　　銀行　　　当社

11-1

	表示科目（金額）	表示区分
A社株式	有価証券　560,000円	流動資産
B社株式	有価証券　3,200,000円	流動資産
C社株式	関係会社株式　4,850,000円	固定資産
D社株式	投資有価証券　5,700,000円	固定資産
E社社債	投資有価証券　9,900,000円	固定資産

　　有価証券の分類と表示区分をまとめると，次のようになります。

目的・種類	売買目的有価証券	満期保有目的債券		子会社式株式関連会社式株式	その他有価証券
		1年以内	1年超		
表示（区分）	有価証券（流動資産）	投資有価証券（固定資産）		関係会社株式（固定資産）	投資有価証券（固定資産）

11-2

	借方科目	金額	貸方科目	金額
(1)	有価証券	16,050,000	現金	16,050,000
(2)	現金	8,475,000	有価証券	8,025,000
			有価証券売却益	450,000

㊟　「有価証券」は「売買目的有価証券」でも可。

解答への道

1．有価証券の購入

　　有価証券の購入にともなって発生する買入手数料は，有価証券の取得原価に含めて処理することになります。

2．有価証券の売却

　　有価証券売却時の売却手数料は，有価証券売却益と区別して，総額主義により計上する方法もあります。

（借）現　　　金　8,475,000　（貸）有価証券　8,025,000
　　　支払手数料　　 25,000　　　　有価証券売却益　 475,000

11-3

	借方科目	金額	貸方科目	金額
(1)	現金	6,240,000	有価証券	6,848,000
	有価証券売却損	608,000		
(2)	当座預金	560,000	有価証券	544,000
			有価証券売却益	16,000

㊟　「有価証券」は「売買目的有価証券」でも可。

解答への道

1．有価証券の売却原価（平均原価法）

　　（@800円×5,000株＋@900円×6,000株＋@860円×4,000株）×$\dfrac{8,000株}{15,000株}$＝6,848,000円

2．有価証券の売却原価（平均原価法）

　　$\dfrac{@60円×6,000株＋@80円×4,000株}{10,000株}$×8,000株

　　＝544,000円

11-4

	借方科目	金額	貸方科目	金額
(1)	現金	8,000	有価証券利息	8,000
(2)	現金	50,000	受取配当金	50,000

解答への道

1．通貨代用証券

　　公社債の利札は期限の到来時点，配当金は領収証の到来時点で収益を認識します。

11-5

	借方科目	金額	貸方科目	金額
(1)	現　　　　金	532,500	有 価 証 券	498,000
			有価証券売却益	22,000
			有価証券利息	12,500
(2)	投資有価証券	980,000	現　　　　金	1,000,000
	有価証券利息	20,000		

(注)　「有価証券」は「売買目的有価証券」，「投資有価証券」は「満期保有目的債券」でも可。

11-6

	借方科目	金額	貸方科目	金額
(1)	有 価 証 券	990,000	当 座 預 金	1,002,200
	有価証券利息	12,200		
(2)	現　　　　金	36,500	有価証券利息	36,500

(注)　「有価証券」は「売買目的有価証券」でも可。

解答への道

1．端数利息の計算

(1)　$1,000,000円 \times 7.3\% \times \dfrac{61日(10/1〜11/30)}{365日}$

　　　$= 12,200円$

(2)　$1,000,000円 \times 7.3\% \times \dfrac{6カ月}{12カ月} = 36,500円$

11-7

	借方科目	金額	貸方科目	金額
(1)	投資有価証券	5,984,500	当 座 預 金	6,060,100
	有価証券利息	75,600		
(2)	投資有価証券	3,976,000	当 座 預 金	4,020,000
	有価証券利息	44,000		

(注)　「投資有価証券」は「満期保有目的債券」でも可。

解答への道

1．売買手数料の処理

　　売買手数料は，有価証券の取得原価に算入します。

2．端数利息の計算

(1)　$6,000,000円 \times 7.3\% \times \dfrac{63日(1/1〜3/4)}{365日}$

　　　$= 75,600円$

(2)　$4,000,000円 \times 7.3\% \times \dfrac{55日(4/1〜5/25)}{365日}$

　　　$= 44,000円$

11-8

	借方科目	金額	貸方科目	金額
(1)	子会社株式評価損	720,000	子 会 社 株 式	720,000
(2)	有価証券評価損	15,000	有 価 証 券	15,000

(注)　「有価証券」は「売買目的有価証券」でも可。

解答への道

(1)　強制低価減

　　市場価格のある有価証券について，時価が著しく下落したときは，回復する見込みがあると認められる場合を除き，時価で評価します。

　　評価損：$(@560円 - @200円) \times 2,000株 = 720,000円$

(2)　売買目的有価証券

　　売買目的の有価証券は時価で評価します。

　　評価損：$(@670円 - @655円) \times 1,000株 = 15,000円$

11-9

（単位：円）

	借方科目	金　額	貸方科目	金　額
A株式	有価証券評価損	40,000	有 価 証 券	40,000
B社債	有価証券評価損	2,000	有 価 証 券	2,000
C株式	投資有価証券評価損	1,000,000	投資有価証券	1,000,000
D株式	仕　訳　不　要			

解答への道

1．D株式の勘定科目？は，子会社株式です。

11-10

	借 方 科 目	金　額	貸 方 科 目	金　額
(1)	現　　　　　金	800,000	短 期 借 入 金	800,000
	差 入 有 価 証 券	873,000	投 資 有 価 証 券	873,000
(2)	短 期 貸 付 金	500,000	当 座 預 金	500,000
	保 管 有 価 証 券	686,000	預 り 有 価 証 券	686,000

(注)　「短期借入金」は「借入金」，「投資有価証券」は
「満期保有目的債券」，「短期貸付金」は「貸付金」で
も可。

解答への道

1．有価証券の差し入れと保管

　　担保として有価証券を差し入れたときは，手許の有
価証券勘定を差入有価証券勘定に簿価で振り替えます。

　　担保として有価証券を預かったときは，保管有価証
券勘定と預り有価証券勘定に時価で記入します。

11-11

	借 方 科 目	金　額	貸 方 科 目	金　額
(1)	現　　　　　金	1,500,000	長 期 借 入 金	1,500,000
	差 入 有 価 証 券	1,940,000	投 資 有 価 証 券	1,940,000
(2)	差 入 有 価 証 券	6,500,000	有 価 証 券	6,500,000

(注)　「長期借入金」は「借入金」，「投資有価証券」は
「満期保有目的債券」，「有価証券」は「売買目的有価
証券」でも可。

11-12

	借 方 科 目	金　額	貸 方 科 目	金　額
(1)	貸 付 有 価 証 券	986,000	有 価 証 券	986,000
(2)	保 管 有 価 証 券	1,350,000	借 入 有 価 証 券	1,350,000

(注)　「有価証券」は「売買目的有価証券」でも可。

解答への道

1．有価証券の貸付けと借入れ

　　有価証券を貸し付けたときは，手許の有価証券勘定
を貸付有価証券勘定に簿価で振り替えます。

　　有価証券を借り入れたときは，保管有価証券勘定と
借入有価証券勘定に時価で記入します。

11-13

	借 方 科 目	金　額	貸 方 科 目	金　額
(1)	貸 付 有 価 証 券	1,530,000	有 価 証 券	1,530,000
(2)	長 期 貸 付 金	500,000	現　　　　　金	500,000
	保 管 有 価 証 券	1,240,000	預 り 有 価 証 券	1,240,000
(3)	差 入 有 価 証 券	1,240,000	保 管 有 価 証 券	1,240,000

(注)　「有価証券」は「売買目的有価証券」，「長期貸付金」
は「貸付金」でも可。

〈34〉

12-1

	借方科目	金　額	貸方科目	金　額
(1)	保証債務見返	500,000	保証債務	500,000
(2)	保証債務	300,000	保証債務見返	300,000
(3)	未収入金	201,600	当座預金	201,600
	保証債務	200,000	保証債務見返	200,000

㊟　「未収入金」は「立替金」,「貸付金」でも可。

解答への道

・保証債務

　　借入金等の保証を行った場合，偶発債務を示すため備忘記録で処理します。

　　決済されたときは，備忘記録である保証債務見返勘定と保証債務勘定とを減少させます。

12-2

	借方科目	金　額	貸方科目	金　額
(1)	工事未払金	300,000	受取手形	300,000
	手形裏書義務見返	300,000	手形裏書義務	300,000
(2)	手形裏書義務	300,000	手形裏書義務見返	300,000

解答への道

　手形権利の譲渡にともなう遡求義務について対照勘定を用いた場合は以下のようになります。

・譲渡時

　（○　　○　　○）××　（受　取　手　形）××

　（手形裏書義務見返）　×　（手形裏書義務）　×

・決済時

　（手形裏書義務）　×　（手形裏書義務見返）　×

12-3

	借方科目	金　額	貸方科目	金　額
(1)	材　料	100,000	裏書手形	100,000
(2)	裏書手形	100,000	受取手形	100,000

解答への道

　手形権利の譲渡にともなう遡求義務について評価勘定を用いた場合は以下のようになります。

・譲渡時

　（○　　○　　○）××　（裏　書　手　形）××

・決済時

　（裏　書　手　形）××　（受　取　手　形）××

12-4

	借方科目	金　額	貸方科目	金　額
(1)	当座預金	788,000	受取手形	800,000
	手形売却損	12,000		
	手形割引義務見返	800,000	手形割引義務	800,000
(2)	手形割引義務	800,000	手形割引義務見返	800,000

解答への道

　手形権利の割引きにともなう遡求義務について対照勘定を用いた場合は以下のようになります。

・割引時

　（当　座　預　金）××　（受　取　手　形）××

　（手　形　売　却　損）　×

　（手形割引義務見返）××　（手形割引義務）××

・決済時

　（手形割引義務）××　（手形割引義務見返）××

12-5

	借方科目	金額	貸方科目	金額
(1)	当 座 預 金	294,000	割 引 手 形	300,000
	手 形 売 却 損	6,000		
(2)	割 引 手 形	300,000	受 取 手 形	300,000

解答への道

　手形権利の割引きにともなう遡求義務について評価勘定を用いた場合は以下のようになります。

・割引時

　（当 座 預 金）×× （割 引 手 形）××

　（手 形 売 却 損）　×

・決済時

　（割 引 手 形）×× （受 取 手 形）××

12-6

	借方科目	金額	貸方科目	金額
(1)	不 渡 手 形	200,000	受 取 手 形	200,000
(2)	不 渡 手 形	315,000	当 座 預 金	315,000

解答への道

1．手形の不渡り

　　支払拒絶証書作成費，延滞利息等は，支払人に対する債権であることから，不渡手形勘定（資産）で処理します。

12-7

	借方科目	金額	貸方科目	金額
(1)	不 渡 手 形	150,000	当 座 預 金	150,000
	手 形 割 引 義 務	150,000	手形割引義務見返	150,000
(2)	不 渡 手 形	60,000	当 座 預 金	60,000
	割 引 手 形	60,000	受 取 手 形	60,000

12-8

	借方科目	金額	貸方科目	金額
(1)	不 渡 手 形	515,000	受 取 手 形	500,000
			現　　　金	15,000
(2)	不 渡 手 形	202,600	当 座 預 金	202,600
	裏 書 手 形	200,000	受 取 手 形	200,000

12-9

		借方科目	金額	貸方科目	金額
(1)	九州	受 取 手 形	500,000	受 取 手 形	500,000
		現　　　金	12,000	受 取 利 息	12,000
	静岡	支 払 手 形	500,000	支 払 手 形	500,000
		支 払 利 息	12,000	当 座 預 金	12,000
(2)	沖縄	受 取 手 形	304,000	受 取 手 形	300,000
				受 取 利 息	4,000
	大分	支 払 手 形	300,000	支 払 手 形	304,000
		支 払 利 息	4,000		

解答への道

1．手形の更改

　　手形の更改とは，手形支払人の都合から支払期日を延長することをいいます。その更改によって手形債権者は旧手形の債権が消滅し，新手形の債権が発生します。また，手形債務者は旧手形の債務が消滅し，新手形の債務が発生します。このときに，支払手形勘定や受取手形勘定を相殺しないように注意してください。

　　この支払期日延長にともなう利息の取り扱いについては，利息分を新手形に含める方法と利息を別に支払う方法とがあります。

12−10

	借 方 科 目	金 額	貸 方 科 目	金 額
(1)	建　　　　物	3,000,000	当 座 預 金	400,000
			営業外支払手形	2,600,000
(2)	営業外受取手形	2,250,000	土　　　　地	1,800,000
			土 地 売 却 益	450,000

解答への道

・営業外手形

　　有形固定資産や有価証券の購入，売却など，通常の営
業取引以外の手形取引は，営業外手形勘定で処理します。

13−1

	借方科目	金額	貸方科目	金額
(1)	当座預金	80,000,000	資　本　金	80,000,000
(2)	当座預金	90,000,000	資　本　金	45,000,000
			資本準備金	45,000,000
(3)	当座預金	12,000,000	資　本　金	6,000,000
			資本準備金	6,000,000

㊟　「資本準備金」は「株式払込剰余金」でも可。

解答への道

　株式の発行に関する問題は，資本金とすべき金額がいくらになるのかがポイントとなります。まず，問題文中から原則なのか例外なのかを読み取ります。

　次に，何株発行したのかをチェックします。

〔参考〕資本金とすべき金額

	設　立	増　資
原則	払込金額の全額 → 資本金	同　左
例外	払込金額$\times\dfrac{1}{2}$ → 資本金	同　左

㊟　問題上特に指示がない場合は原則規定により処理します。

(1)　80,000円×1,000株＝80,000,000円

(2)　資本金：90,000円×$\dfrac{1}{2}$×1,000株＝45,000,000円

(3)　資本金：120,000円×$\dfrac{1}{2}$×100株＝6,000,000円

13−2

	借方科目	金額	貸方科目	金額
(1)	当座預金	70,000,000	資　本　金	35,000,000
			資本準備金	35,000,000
	創　立　費	80,000	現　　　金	80,000
(2)	当座預金	80,000,000	資　本　金	40,000,000
			資本準備金	40,000,000
	創　立　費	250,000	現　　　金	250,000

㊟　「資本準備金」は「株式払込剰余金」でも可。

解答への道

(1)　資本金：70,000円×$\dfrac{1}{2}$×1,000株＝35,000,000円

(2)　資本金：80,000円×$\dfrac{1}{2}$×1,000株＝40,000,000円

　なお，株式の発行費用は，会社設立時には創立費勘定（費用）で処理します。

13−3

4,500,000	円

解答への道

　設立時の発行株式について会社法が定める必要最低限度は発行可能株式総数の4分の1です。また，会社の設立において資本金組入額を会社法が定める必要最低額とする場合，払込金額の2分の1となります。払込金額のうち，資本金に組み入れない金額を資本準備金とします。

　　発行株式数：3,000株×$\dfrac{1}{4}$＝750株

　　資本金組入の最低額：750株×12,000円×$\dfrac{1}{2}$

　　　　　　　　　　　＝4,500,000円

　　資本準備金組入額：750株×12,000円−4,500,000円

　　　　　　　　　　　＝4,500,000円

13-4

	借方科目	金額	貸方科目	金額
(1)	当座預金	6,000,000	資　本　金	6,000,000
(2)	当座預金	8,000,000	資　本　金	4,000,000
			資本準備金	4,000,000

(注)　「資本準備金」は「株式払込剰余金」でも可。

解答への道

(2)　資本金：80,000円×$\dfrac{1}{2}$×100株＝4,000,000円

13-5

	借方科目	金額	貸方科目	金額
(1)	当座預金	25,500,000	資　本　金	12,750,000
			資本準備金	12,750,000
	株式交付費	720,000	現　　　金	720,000
(2)	当座預金	136,000,000	資　本　金	68,000,000
			資本準備金	68,000,000
	株式交付費	1,200,000	現　　　金	1,200,000

(注)　「資本準備金」は「株式払込剰余金」でも可。

解答への道

1．株式発行費用

　　設立時は「創立費」として処理しますが，増資時は「株式交付費」として処理します。

13-6

	借方科目	金額	貸方科目	金額
(1)	資本準備金	800,000	資　本　金	800,000
(2)	資本準備金	1,000,000	その他資本剰余金	1,000,000

13-7

	借方科目	金額	貸方科目	金額
(1)	別段預金	120,000,000	新株式申込証拠金	120,000,000
(2)	新株式申込証拠金	120,000,000	資　本　金	60,000,000
			資本準備金	60,000,000
	当座預金	120,000,000	別段預金	120,000,000

(注)　「資本準備金」は「株式払込剰余金」でも可。

解答への道

　　新株を発行する際に払い込まれた証拠金は新株式申込証拠金勘定（純資産）で処理します。

　　また，払込期日において，新株式申込証拠金勘定は資本金勘定に振り替え，別段預金勘定は当座預金勘定に振り替えます。

14-1

	借方科目	金額	貸方科目	金額
(1)	繰越利益剰余金	119,000	利益準備金	9,000
			未払配当金	90,000
			別途積立金	20,000
(2)	損　　　益	180,000	繰越利益剰余金	180,000

解答への道

　利益準備金勘定と別途積立金勘定は純資産の勘定，未払配当金勘定は負債の勘定になります。

・利益準備金の積み立て

　　利益準備金の積立額は，会社法において「資本準備金の額と併せて資本金の4分の1に達するまで，配当金または中間配当金の10分の1を積み立てなければならない。」とあります。

　株主配当金：$90,000円 \times \dfrac{1}{10} = 9,000円$

14-2

	借方科目	金額	貸方科目	金額
(1)	損　　　益	66,000	繰越利益剰余金	66,000
(2)	繰越利益剰余金	595,000	利益準備金	45,000
			未払配当金	450,000
			別途積立金	100,000

(1) $(228,000円 + 15,000円) - (100,000円 + 20,000円 + 10,000円 + 3,000円) - 44,000円 = 66,000円$

14-3

	借方科目	金額	貸方科目	金額
(1)	繰越利益剰余金	16,000,000	利益準備金	1,000,000
			未払配当金	10,000,000
			別途積立金	5,000,000
(2)	繰越利益剰余金	10,400,000	利益準備金	400,000
			未払配当金	6,000,000
			別途積立金	4,000,000

(1) ① $50,000,000円 \times \dfrac{1}{4} - (6,000,000円 + 4,000,000円)$

　　$= 2,500,000円$

　② $10,000,000円 \times \dfrac{1}{10} = 1,000,000円$

　③ ①＞②　∴1,000,000円

(2) ① $40,000,000円 \times \dfrac{1}{4} - (5,000,000円 + 4,600,000円)$

　　$= 400,000円$

　② $6,000,000円 \times \dfrac{1}{10} = 600,000円$

　③ ①＜②　∴400,000円

14-4

	借方科目	金額	貸方科目	金額
(1)	別途積立金	3,200,000	繰越利益剰余金	3,200,000
(2)	繰越利益剰余金	3,000,000	損　　　益	3,000,000

14-5

	借方科目	金額	貸方科目	金額
(1)	損　　　益	3,000,000	繰越利益剰余金	3,000,000
(2)	繰越利益剰余金	1,500,000	損　　　益	1,500,000
(3)	別 途 積 立 金	1,500,000	繰越利益剰余金	1,500,000

解答への道

　前期の利益や損失は繰越利益剰余金勘定の残高がそれを表していますが，勘定残高がいくらであろうと当期純利益や当期純損失の計上の仕訳に影響は与えません。

14-6

繰越利益剰余金

日付		摘要	借方	日付		摘要	貸方
5	25	利益準備金	85,000	4	1	前期繰越	1,500,000
	〃	未払配当金	850,000				
	〃	新築積立金	250,000				
	〃	別途積立金	65,000				

解答への道

5/25　（繰越利益剰余金）1,250,000　（利益準備金）　　85,000
　　　　　　　　　　　　　　　　　（未払配当金）　　850,000
　　　　　　　　　　　　　　　　　（新築積立金）　　250,000
　　　　　　　　　　　　　　　　　（別途積立金）　　65,000

14-7

繰越利益剰余金

日付		摘要	借方	日付		摘要	貸方
9	1	前期繰越	2,300,000	11	25	別途積立金	1,500,000
					〃	利益準備金	600,000

解答への道

11/25　（別途積立金）1,500,000　（繰越利益剰余金）2,100,000
　　　（利益準備金）　600,000

14-8

	借方科目	金額	貸方科目	金額
(1)	繰越利益剰余金	198,000	未払中間配当金	180,000
			利 益 準 備 金	18,000
(2)	未払中間配当金	180,000	当 座 預 金	180,000

14-9

借方科目	金額	貸方科目	金額
諸　　資　　産	450,000	諸　　負　　債	300,000
の　れ　ん	10,000	資　　本　　金	160,000

解答への道

のれん：160,000円−（450,000円−300,000円）＝10,000円

14-10

借方科目	金額	貸方科目	金額
諸　　資　　産	450,000	諸　　負　　債	300,000
の　れ　ん	10,000	資　　本　　金	100,000
		資 本 準 備 金	60,000

(注)　「資本準備金」は「合併差益」または「その他資本剰余金」でも可。

解答への道

のれん：160,000円−（450,000円−300,000円）＝10,000円
資本準備金：（450,000円＋10,000円−300,000円）
　　　　　　　−100,000円＝60,000円

15-1

	借方科目	金額	貸方科目	金額
(1)	土　　　　　地	8,840,000	当 座 預 金	8,840,000
(2)	機 械 装 置	5,080,000	営業外支払手形	5,000,000
			当 座 預 金	80,000

(注)　「機械装置」は「機械」でも可。

解答への道

　仲介手数料，登記料などの付随費用は，有形固定資産の取得価額に含めて処理します。

15-2

	借方科目	金額	貸方科目	金額
(1)	建　　　　物	11,600,000	材　　　　料	3,600,000
			労　務　費	5,200,000
			経　　　　費	2,800,000
(2)	建　　　　物	8,950,000	材　　　　料	2,500,000
			賃　　　　金	4,300,000
			経　　　　費	1,900,000
			当 座 預 金	250,000

解答への道

　仲介手数料，登記料などの付随費用は，有形固定資産の取得価額に含めて処理します。

15-3

	借方科目	金額	貸方科目	金額
(1)	建　　　　物	1,800,000	建　　　　物	1,800,000
(2)	土　　　　　地	2,600,000	土　　　　　地	1,600,000
			当 座 預 金	1,000,000
(3)	減価償却累計額	1,800,000	備　　　　品	3,000,000
	備　　　　品	1,200,000		

解答への道

1．自己所有の固定資産と交換

　　この場合，交換に供された自己資産の適正な簿価が取得価額になります。

15-4

	借方科目	金額	貸方科目	金額
(1)	土　　　　　地	8,590,000	当 座 預 金	8,000,000
			現　　　　金	590,000
(2)	建　　　　物	13,800,000	材　　　　料	4,800,000
			賃　　　　金	5,700,000
			経　　　　費	2,800,000
			当 座 預 金	500,000
(3)	土　　　　　地	13,000,000	土　　　　　地	13,000,000

15-5

（単位：円）

	定 額 法	定 率 法	
		当　期	翌　期
建　　　物	225,000	545,000	485,595
車　　　両	72,000	164,800	130,851
備　　　品	90,000	184,500	116,419

解答への道

1．定額法の計算

建物：$\dfrac{5,000,000円 \times 0.9}{20年} = 225,000円$

車両：$\dfrac{800,000円 \times 0.9}{10年} = 72,000円$

備品：$\dfrac{500,000円 \times 0.9}{5年} = 90,000円$

2．定率法の計算

建物

当期　$5,000,000円×0.109＝545,000円$

翌期　$(5,000,000円－545,000円)×0.109＝485,595円$

車両

当期　$800,000円×0.206＝164,800円$

翌期　$(800,000円－164,800円)×0.206≒130,851円$

備品

当期　$500,000円×0.369＝184,500円$

翌期　$(500,000円－184,500円)×0.369≒116,419円$

15-6

(1)	36,000円	(2)	49,500円	(3)	47,250円

解答への道

(1)　$500,000円×0.9×\dfrac{16,000km}{200,000km}＝36,000円$

(2)　$500,000円×0.9×\dfrac{22,000km}{200,000km}＝49,500円$

(3)　$500,000円×0.9×\dfrac{21,000km}{200,000km}＝47,250円$

15-7

減価償却方法の名称	減価償却費の金額
定　　額　　法	108,000,000円
定　　率　　法	88,152,845円
生 産 高 比 例 法	99,900,000円

解答への道

定額法

$\dfrac{600,000,000円×0.9}{5年}＝108,000,000円$

定率法

(1)　第7期　$600,000,000円×0.369＝221,400,000円$

(2)　第8期　$(600,000,000円－(1))×0.369＝139,703,400円$

(3)　第9期　$(600,000,000円－((1)+(2))×0.369≒88,152,845円$

生産高比例法

$600,000,000円×0.9×\dfrac{1,850時間}{10,000時間}＝99,900,000円$

15-8

	借 方 科 目	金 額	貸 方 科 目	金 額
(1)	減 価 償 却 費	210,000	減価償却累計額	210,000
(2)	減 価 償 却 費	1,168,000	車　　　　両	1,168,000

㊟　「車両」は「車両運搬具」でも可。

解答への道

(1)　$\dfrac{10,000,000円×0.9}{25年}×\dfrac{7\,(6/1～12/31)}{12}＝210,000円$

(2)　$4,000,000円×0.438×\dfrac{8\,(8/1～3/31)}{12}＝1,168,000円$

15-9

	借 方 科 目	金 額	貸 方 科 目	金 額
(1)	当 座 預 金	6,450,000	建　　　　物	8,000,000
	減価償却累計額	720,000		
	建 物 売 却 損	830,000		
(2)	現　　　　金	500,000	車　　　　両	512,000
	車 両 売 却 損	12,000		

㊟　「車両」は「車両運搬具」、「建物売却損」および「車両売却損」は「固定資産売却損」でも可。

解答への道

(1)　減価償却累計額：

$\dfrac{8,000,000円×0.9}{30年}×3年＝720,000円$

(2)　車両：

①　R×6.4～R×7.3

$800,000円×0.2＝160,000円$

②　R×7.4～R×8.3

$(800,000円－160,000円)×0.2＝128,000円$

∴　$800,000円－(①+②)＝512,000円$

〈 43 〉

15-10

	借方科目	金額	貸方科目	金額
(1)	未 収 入 金	180,000	備　　　品	600,000
	減価償却累計額	405,000	備 品 売 却 益	7,500
	減 価 償 却 費	22,500		
(2)	未 収 入 金	900,000	車　　　両	995,403
	減 価 償 却 費	122,434	車 両 売 却 益	27,031

㊟　「未収入金」は「未収金」，「車両」は「車両運搬具」，
「備品売却益」および「車両売却益」は「固定資産売
却益」でも可。

解答への道

(1)　減価償却累計額：

$$\frac{600,000円 \times 0.9}{8年} \times 6年 = 405,000円$$

減価償却費：

$$\frac{600,000円 \times 0.9}{8年} \times \frac{4カ月（4月～7月）}{12}$$
$$= 22,500円$$

(2)　車両：
① R×6.4～R×7.3
2,500,000円 × 0.369 = 922,500円
② R×7.4～R×8.3
(2,500,000円 − 922,500円) × 0.369 ≒ 582,097円
∴　2,500,000円 − (① + ②) = 995,403円

減価償却費：

$$\underset{上記より}{995,403円} \times 0.369 \times \frac{4カ月（4月～7月）}{12}$$
$$≒ 122,434円$$

15-11

	借方科目	金額	貸方科目	金額
(1)	減価償却累計額	576,000	備　　　品	800,000
	貯 蔵 品	150,000	現　　　金	30,000
	備 品 除 却 損	104,000		
(2)	減価償却累計額	100,000	車　　　両	1,000,000
	減 価 償 却 費	180,000	当 座 預 金	50,000
	車 両 廃 棄 損	770,000		

解答への道

本問では下記のとおり，各金額は計算されます。

(1)

減価償却累計額：$800,000円 \times 0.9 \times \dfrac{4年}{5年}$
$= 576,000円$

備 品 除 却 損：$800,000円 − 576,000円$
$− 150,000円 + 30,000円$
$= 104,000円$

(2)

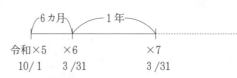

定率法償却率：$1 ÷ 10年 \times 200\% = 20\%$

減価償却累計額：$1,000,000円 \times 20\% \times \dfrac{6カ月}{12カ月}$
$= 100,000円$

減 価 償 却 費：$(1,000,000円 − 100,000円) \times 20\%$
$= 180,000円$

車 両 廃 棄 損：$1,000,000円 − 100,000円$
$− 180,000円 + 50,000円$
$= 770,000円$

15-12

平 均 耐 用 年 数	6　　年

解答への道

$$A : \frac{500,000円 \times 0.9}{5 年} = 90,000円$$

$$B : \frac{900,000円 \times 0.9}{6 年} = 135,000円$$

$$C : \frac{800,000円 \times 0.9}{8 年} = \underline{\underline{90,000円}}$$

減価償却費合計　315,000円

$$\frac{500,000円 \times 0.9 + 900,000円 \times 0.9 + 800,000円 \times 0.9}{315,000円}$$

$$= 6.285\cdots \rightarrow 6 年$$

15-13

平 均 耐 用 年 数	6　　年

解答への道

$$A : \frac{@400,000円 \times 3 台 \times 0.9}{6 年} = 180,000円$$

$$B : \frac{@350,000円 \times 4 台 \times 0.9}{5 年} = 252,000円$$

$$C : \frac{@600,000円 \times 2 台 \times 0.9}{8 年} = \underline{\underline{135,000円}}$$

減価償却費合計　567,000円

$$\frac{@400,000円 \times 3 台 \times 0.9 + @350,000円 \times 4 台 \times 0.9 + @600,000円 \times 2 台 \times 0.9}{567,000円}$$

$$= 6.031\cdots \rightarrow 6 年$$

15-14

	借 方 科 目	金 額	貸 方 科 目	金 額
(1)	建　　　　　　物	550,000	当 座 預 金	730,000
	修 繕 維 持 費	180,000		
(2)	建　　　　　　物	1,950,000	当 座 預 金	2,300,000
	修 繕 維 持 費	350,000		

解答への道

(1) 改良費は資本的支出として建物の取得原価に含めます。

(2) 支出した費用のうち, 修繕費以外の費用(2,300,000円－350,000円＝1,950,000円) は資本的支出として建物の取得原価に含めます。

15-15

	借 方 科 目	金 額	貸 方 科 目	金 額
(1)	建 設 仮 勘 定	2,000,000	現　　　　　　金	2,000,000
(2)	建　　　　　　物	13,000,000	建 設 仮 勘 定	7,500,000
			営業外支払手形	5,500,000

解答への道

建設仮勘定には, 建設業者等に対する手付金, 自家建設の場合の建設用材料等の購入代金など, 建設工事に係るすべての支出が記入されます。

15-16

	借 方 科 目	金 額	貸 方 科 目	金 額
(1)	建 設 仮 勘 定	2,000,000	当 座 預 金	2,000,000
(2)	建 設 仮 勘 定	1,200,000	材　　　　　　料	1,200,000
(3)	建　　　　　　物	10,200,000	建 設 仮 勘 定	3,200,000
			当 座 預 金	1,000,000
			営業外支払手形	6,000,000
(4)	建　　　　　　物	300,000	現　　　　　　金	300,000

登記料等は付随費用として建物の取得価額に含めます。

15-17

(1)	1,500,000円	(2)	1,250,000円	(3)	400,000円

(1) 固定資産の取得原価の推定

取得原価をXとすると

$$\underbrace{1,000,000円}_{売却価額}-\{\underbrace{X-(X÷5年×2年)}_{帳簿価額}\}=\underbrace{100,000円}_{売却益}$$

X=1,500,000円

(2) 固定資産の交換

(減価償却累計額)	800,000*1	(車両運搬具)	2,000,000
(車両運搬具)	1,250,000*2	(現　　　金)	50,000

* 1　2,000,000円÷5年×2年=800,000円
　　　　　　取得原価

* 2　貸借差額

(3) 固定資産の交換

(減価償却累計額)	1,200,000	(車両運搬具)	3,000,000
(車両運搬具)	2,000,000*	(現　　　金)	200,000

*　貸借差額

当期の減価償却費（定額法）：2,000,000円÷5年
=400,000円

15-18

	借方科目	金額	貸方科目	金額
(1)	特許権償却	270,000	特許権	270,000
(2)	仕訳不要			
(3)	のれん償却	10,000	のれん	10,000

無形固定資産の償却

① 借地権については，通常，償却を行いません。

② のれんについては，早期償却の観点から，20年以内に償却します。

③ ①，②以外の無形固定資産については，通常，残存価額をゼロとし月割りで償却計算を行います。

特許権償却：

$$2,592,000円×\frac{10（6月～3月）カ月}{8年×12カ月}=270,000円$$

のれん：200,000円÷20年=10,000円

15-19

	借方科目	金額	貸方科目	金額
(1)	支払地代	4,500,000	当座預金	4,500,000
(2)	長期前払地代	2,000,000	支払地代	3,500,000
	前払地代	1,500,000		

㊟ 「長期前払地代」は「長期前払費用」，「前払地代」は「前払費用」でも可。

費用の前払いについては，一年基準（ワン・イヤー・ルール）によって，前払費用勘定と長期前払費用勘定とに分けます。

前払地代：

$$4,500,000円×\frac{12カ月（翌4/1～3/31）}{12カ月×3年=36カ月}=1,500,000円$$

長期前払地代：

4,500,000円

$$×\frac{36カ月-8カ月（8/1～3/31）-12カ月（翌4/1～3/31）}{36カ月}$$

=2,000,000円

15-20

(単位：千円)

科　　　目	金　額
現 金 及 び 預 金	(44,300)
受 取 手 形	(186,000)
完成工事未収入金	(225,000)
有 価 証 券	(7,500)
未 成 工 事 支 出 金	(17,000)
貯 蔵 品	(600)
短 期 貸 付 金	(39,200)
前 払 費 用	(1,050)
投 資 有 価 証 券	(11,000)
長 期 貸 付 金	(2,800)
長 期 前 払 費 用	(1,050)
長 期 預 金	(30,000)
(営業外受取手形)	(12,000)

解答への道

1．預金

　定期預金は，一年基準（ワン・イヤー・ルール）によって長期預金勘定に振り替えます。

2．受取手形

　受取手形のうち，固定資産の売却により受け取ったもの（12,000,000円）は営業活動によって受け取った手形ではないため，営業外受取手形勘定に振り替えます。

3．完成工事未収入金

　完成工事未収入金には，一年基準（ワン・イヤー・ルール）の適用はありません。

4．有価証券

　有価証券のうち，投資有価証券は固定資産として投資有価証券勘定に振り替えます。

5．貸付金

　貸付金のうち，2,800,000円は一年基準（ワン・イヤー・ルール）によって長期貸付金勘定に振り替えます。

6．前払費用

　前払費用は，一年基準（ワン・イヤー・ルール）に

よって前払費用勘定（$2,100,000円 \times \dfrac{1年}{2年} = 1,050,000$

円）と長期前払費用勘定（$2,100,000円 \times \dfrac{1年}{2年} =$

$1,050,000円$）とに振り替えます。

15-21

	借 方 科 目	金　額	貸 方 科 目	金　額
(1)	創 立 費 償 却	80,000	創 立 費	80,000
(2)	株 式 交 付 費 償 却	150,000	株 式 交 付 費	150,000

解答への道

　記帳方法は，直接法のみとなります。

15-22

	借 方 科 目	金 額	貸 方 科 目	金 額
①	創 立 費 償 却	1,000,000	創 立 費	1,000,000
②	開 業 費 償 却	1,000,000	開 業 費	1,000,000
③	株 式 交 付 費 償 却	100,000	株 式 交 付 費	100,000
④	社 債 発 行 費 償 却	200,000	社 債 発 行 費	200,000
⑤	開 発 費 償 却	300,000	開 発 費	300,000

(単位：円)

開 業 費	1,000,000	開 発 費	600,000
株 式 交 付 費	200,000	創 立 費	0
社 債 発 行 費	400,000		

解答への道

創立費償却：当期は設立5期目のため，全額償却します。

開業費償却：2,000,000円÷2年（当期，次期）

　　　　　　＝1,000,000円

株式交付費償却：300,000円÷3年＝100,000円

社債発行費償却：600,000円÷3年＝200,000円

開発費償却：900,000円÷3年（当期，次期，次々期）

　　　　　　＝300,000円

16-1

	借方科目	金額	貸方科目	金額
(1)	当座預金	9,800,000	社　　　債	9,800,000
	社債発行費	120,000	現　　　金	120,000
(2)	当座預金	19,600,000	社　　　債	19,600,000
	社債発行費	300,000	現　　　金	300,000

解答への道

(1) 社債を発行したときは，発行価額をもって社債勘定の貸方に記入します。

$$10,000,000円 \times \frac{98円}{100円} = 9,800,000円$$

(2) 社債の発行に要した広告費や印刷費は，繰延資産の勘定である社債発行費勘定で処理します。

社債：$20,000,000円 \times \dfrac{@98円}{@100円} = 19,600,000円$

16-2

	借方科目	金額	貸方科目	金額
(1)	当座預金	9,500,000	社　　　債	9,500,000
(2)	社債利息	300,000	当座預金	300,000

解答への道

(1) $10,000,000円 \times \dfrac{95円}{100円} = 9,500,000円$

(2) $10,000,000円 \times 6\% \times \dfrac{6カ月}{12カ月} = 300,000円$

16-3

	借方科目	金額	貸方科目	金額
(1)	社債利息	5,000	社　　　債	5,000
	社債利息	300,000	現　　　金	300,000
(2)	社債利息	25,000	社　　　債	25,000

解答への道

(1) 金利調整差額：

$$10,000,000円 \times \frac{@100円 - @99.50円}{@100円} = 50,000円$$

金利調整差額の償却：

$$50,000円 \times \frac{12カ月}{120カ月} = 5,000円$$

社債の利払い：

$$10,000,000円 \times 6\% \times \frac{6カ月}{12カ月} = 300,000円$$

(2) 金利調整差額：

$$10,000,000円 \times \frac{@100円 - @98円}{@100円} = 200,000円$$

金利調整差額の償却：

$$200,000円 \times \frac{12カ月}{96カ月} = 25,000円$$

16-4

	借方科目	金額	貸方科目	金額
(1)	社債利息	300,000	当座預金	300,000
(2)	社債利息	300,000	当座預金	300,000
(3)	社債利息	100,000	社　　　債	100,000
(4)	社債利息	300,000	当座預金	300,000

解答への道

(1)(2) $10,000,000円 \times 6\% \times \dfrac{6カ月}{12カ月} = 300,000円$

(3) 金利調整差額：

$$10,000,000円 \times \frac{@100円 - @95円}{@100円} = 500,000円$$

金利調整差額の償却：

$$500,000円 \times \frac{12カ月}{60カ月} = 100,000円$$

16-5

	借方科目	金　額	貸方科目	金　額
(1)	当　座　預　金	4,900,000	社　　　　債	4,900,000
	社　債　発　行　費	300,000	現　　　　金	300,000
(2)	社　債　利　息	200,000	当　座　預　金	200,000
(3)	社　債　利　息	9,000	社　　　　債	9,000
	社債発行費償却	12,000	社　債　発　行　費	12,000
	社　債　利　息	180,000	現　　　　金	180,000

解答への道

(1) $5,000,000円 \times \frac{@98円}{@100円} = 4,900,000円$

(2) $5,000,000円 \times 8\% \times \frac{6カ月}{12カ月} = 200,000円$

(3) 金利調整差額：

$$6,000,000円 \times \frac{@100円 - @98.50円}{@100円} = 90,000円$$

金利調整差額の償却：

$$90,000円 \times \frac{12カ月}{120カ月} = 9,000円$$

社債発行費の償却：

$$120,000円 \times \frac{12カ月}{120カ月} = 12,000円$$

社債の利払い：

$$6,000,000円 \times 6\% \times \frac{6カ月}{12カ月} = 180,000円$$

16-6

	借方科目	金　額	貸方科目	金　額
(1)	当　座　預　金	4,850,000	社　　　　債	4,850,000
	社　債　発　行　費	100,000	現　　　　金	100,000
(2)	社　債　利　息	30,000	社　　　　債	30,000
	社　　　　債	5,000,000	現　　　　金	5,200,000
	社　債　利　息	200,000		
	社債発行費償却	20,000	社　債　発　行　費	20,000

解答への道

(1) $5,000,000円 \times \frac{@97円}{@100円} = 4,850,000円$

(2) 金利調整差額の償却：

$$(5,000,000円 - 4,850,000円) \times \frac{12カ月}{60カ月} = 30,000円$$

社債の利払い：

$$5,000,000円 \times 8\% \times \frac{6カ月}{12カ月} = 200,000円$$

社債発行費の償却：

$$100,000円 \times \frac{12カ月}{60カ月} = 20,000円$$

16-7

	借方科目	金　額	貸方科目	金　額
(1)	社　　　　債	9,760,000	当　座　預　金	9,700,000
			社　債　償　還　益	60,000
(2)	社　　　　債	4,800,000	当　座　預　金	4,900,000
	社　債　償　還　損	100,000		

解答への道

(1) 社債の簿価：

$$9,600,000円 + (10,000,000円 - 9,600,000円)$$
$$\times \frac{24カ月}{60カ月} = 9,760,000円$$

社債償還益：

$$9,760,000円 - 9,700,000円 = 60,000円$$

(2) 社債の簿価：

$$5,000,000円 \times \frac{@93円}{@100円} + 5,000,000円$$

$$\times \frac{@100円 - @93円}{@100円} \times \frac{36カ月}{84カ月} = 4,800,000円$$

社債償還損：

$$4,800,000円 - 5,000,000円 \times \frac{@98円}{@100円}$$

$$= \triangle 100,000円$$

16-8

$\boxed{140,000}$ 円

解答への道

① 社債発行時（額面総額10,000,000円分）

（当 座 預 金）9,600,000 （社 債）9,600,000

$$@96円 \times \frac{10,000,000円}{@100円}(100,000口) = 9,600,000円$$

② 決算時（額面総額10,000,000円分）

（社 債 利 息） 80,000 （社 債） 80,000

$$\underbrace{(10,000,000円}_{額面総額} - \underbrace{9,600,000円)}_{払込金額} \times \frac{12カ月}{60カ月}$$

$$= 80,000円$$

③ 買入消却（償還）時（額面総額10,000,000円分）

（社 債）9,760,000*1 （現 金 預 金）9,900,000*2

（社債償還損） 140,000

*1 $\underbrace{9,600,000円}_{払込金額} + \underbrace{80,000円 \times 2年}_{償却額}$（令和×2年4

月1日～令和×4年3月31日）= 9,760,000円

*2 $@99円 \times \frac{10,000,000円}{@100円}(100,000口)$

$$= 9,900,000円$$

16-9

	借 方 科 目	金 額	貸 方 科 目	金 額
(1)	貸倒引当金繰入額	400	貸 倒 引 当 金	400
(2)	貸倒引当金繰入額	500	貸 倒 引 当 金	500
(3)	当 座 預 金	300,000	完成工事未収入金	750,000
	貸 倒 引 当 金	375,000		
	貸 倒 損 失	75,000		

解答への道

(1) 貸倒見積額：

（受取手形100,000円＋完成工事未収入金80,000円）

×2％＝3,600円

繰入額：

3,600円－3,200円＝400円

(2) 貸倒見積額：

（受取手形50,000円＋完成工事未収入金100,000円）

×2％＝3,000円

繰入額：

3,000円－2,500円＝500円

(3) 完成工事未収入金が貸し倒れたときは，まず，貸倒引当金を取り崩しますが，貸倒引当金を超える金額は，貸倒損失とします。

貸倒引当金：

750,000円×50％＝375,000円

貸倒損失：

（750,000円－300,000円）－375,000円＝75,000円

16-10

借 方 科 目	金 額	貸 方 科 目	金 額
貸倒引当金繰入額	60,500	貸 倒 引 当 金	60,500

解答への道

貸倒見積額：

（受取手形3,200,000円＋完成工事未収入金5,150,000円）×2％＝167,000円

繰入額：

167,000円－106,500円＝60,500円

16-11

87,000 円

解答への道

当期の完成工事高に係る完成工事未収入金の貸倒れについては，貸倒引当金を取り崩すことはできません。

貸倒引当金

取崩額 55,000円	前期末残高 100,000円
見積額： 6,600,000円×2％ ＝132,000円	繰入 87,000円

貸倒引当金繰入額：

6,600,000円×2％－（100,000円－55,000円）

＝87,000円

16-12

	借 方 科 目	金 額	貸 方 科 目	金 額
(1)	未成工事支出金	60,000	完成工事補償引当金	60,000
(2)	完成工事補償引当金	300,000	材 料	230,000
			当 座 預 金	70,000
(3)	完成工事補償引当金	680,000	支 払 手 形	680,000

解答への道

(1) 繰入額：

完成工事高12,000,000円×2％－180,000円

＝60,000円

(3) 完成し，引き渡した建物について補修を行った場合，完成工事補償引当金を取り崩して処理します。

16-13

	借 方 科 目	金 額	貸 方 科 目	金 額
(1)	未成工事支出金	1,100,000	退職給付引当金	1,860,000
	販売費及び一般管理費	760,000		
(2)	退職給付引当金	5,000,000	現 金	5,000,000

16-14

	借 方 科 目	金 額	貸 方 科 目	金 額
(1)	未成工事支出金	850,000	修 繕 引 当 金	850,000
(2)	修 繕 引 当 金	850,000	当 座 預 金	1,400,000
	修 繕 維 持 費	550,000		

解答への道

(1) 修繕引当金繰入は，問題文の指示により，未成工事支出金勘定で処理します。

16-15

	借 方 科 目	金 額	貸 方 科 目	金 額
(1)	租 税 公 課	180,000	現 金	45,000
			未 払 税 金	135,000
(2)	未 払 税 金	45,000	現 金	45,000

解答への道

固定資産税などの費用となる税金は，租税公課勘定（費用）で処理します。

16-16

	借方科目	金額	貸方科目	金額
(1)	仮払法人税等	418,000	当座預金	418,000
(2)	法人税, 住民税及び事業税	963,000	仮払法人税等	418,000
			未払法人税等	545,000

(注) 「法人税, 住民税及び事業税」は「法人税等」とすることもある。

解答への道

中間納付に際しては, 一種の仮払いが生じると考え, これを仮払法人税等勘定で処理します。

決算に際して利益額が決定し, 法人税, 住民税及び事業税の金額が確定したら, 法人税, 住民税及び事業税勘定の借方に計上し, 中間納付額との差額は未払法人税等勘定で処理します。

16-17

	借方科目	金額	貸方科目	金額
(1)	法人税, 住民税及び事業税	1,230,000	仮払金	587,000
			未払法人税等	643,000
(2)	法人税, 住民税及び事業税	6,090,000	仮払法人税等	2,700,000
			未払法人税等	3,390,000

(注) 「法人税, 住民税及び事業税」は「法人税等」とすることもある。

解答への道

税額が確定すると, 中間納付額を仮払法人税等勘定から法人税, 住民税及び事業税勘定に振り替えます。また, 確定税額から中間納付額を差し引いた残額は, 未払法人税等勘定 (負債勘定) で処理します。

16-18

(1) 168,400 円 (2) 319,600 円 (3) 290,000 円

解答への道

(1)

(仮受消費税) 132,000　(仮払消費税) 168,400*
(未収消費税) 36,400

＊　借方合計

(2)

(仮受消費税) 319,600*　(仮払消費税) 257,200
　　　　　　　　　　　　(未払消費税) 62,400

＊　貸方合計

(3)

① 未処理事項 (材料の購入) の仕訳

(材　　料) 300,000　(工事未払金) 330,000
(仮払消費税) 30,000*

＊　300,000円×10％＝30,000円

② 未払消費税計上の仕訳

(仮受消費税) 840,000　(仮払消費税) 550,000*1
　　　　　　　　　　　(未払消費税) 290,000*2

＊1　520,000円＋30,000円＝550,000円

＊2　貸借差額

決算と財務諸表

17-1

精　算　表　　　　　　　　　　　　　　　　（単位：円）

勘定科目	残高試算表 借方	残高試算表 貸方	整理記入 借方	整理記入 貸方	損益計算書 借方	損益計算書 貸方	貸借対照表 借方	貸借対照表 貸方
現 金 預 金	49,150		(3) 200				49,350	
受 取 手 形	21,000						21,000	
完成工事未収入金	29,000						29,000	
貸 倒 引 当 金		600		(1) 400				1,000
有 価 証 券	35,000			(2) 1,500			33,500	
未成工事支出金	12,600		(7) 200	(6) 100			10,200	
			(8) 1,900	(10) 4,600				
			(9) 200					
材 料 貯 蔵 品	5,850						5,850	
仮 払 金	6,000			(4) 6,000				
機 械 装 置	30,000		(5) 7,500				37,500	
機械装置減価償却累計額		10,800	(6) 100					10,700
備 品	8,000						8,000	
備品減価償却累計額		2,700		(6) 900				3,600
建 設 仮 勘 定	9,100			(5) 7,500			1,600	
支 払 手 形		5,000						5,000
工 事 未 払 金		8,600		(8) 1,900				10,500
借 入 金		6,000						6,000
未成工事受入金		6,500						6,500
完成工事補償引当金		150		(9) 200				350
退職給付引当金		15,000		(7) 1,950				16,950
資 本 金		75,000						75,000
利 益 準 備 金		2,500						2,500
繰越利益剰余金		1,600						1,600
完 成 工 事 高		350,000				350,000		
完 成 工 事 原 価	225,250		(10) 4,600		229,850			
販売費及び一般管理費	62,000		(1) 400	(11) 300	65,650			
			(6) 900					
			(7) 1,750					
			(11) 900					
受取利息配当金		1,800		(3) 200		2,000		
受 取 手 数 料		7,250				7,250		
支 払 利 息	550				550			
	493,500	493,500						
従業員立替金			(4) 6,000				6,000	
有価証券評価損			(2) 1,500		1,500			
前 払 保 険 料			(11) 300				300	
未 払 家 賃				(11) 900				900
			26,450	26,450	297,550	359,250	202,300	140,600
当 期 純 利 益					61,700			61,700
					359,250	359,250	202,300	202,300

〈53〉

解答への道

(1) 貸倒引当金の設定は，売上債権に対して2％の額を差額補充法で設定します。

（販売費及び一般管理費）　400　（貸 倒 引 当 金）　400*1

　　*1　（21,000円＋29,000円）×2％＝1,000円

　　　　1,000円－600円＝400円

(2) 売買目的有価証券は，時価で評価します。

（有価証券評価損）　1,500　（有 価 証 券）　1,500*2

　　*2　33,500円－35,000円＝△1,500円

(3) 期限の到来した公社債の利札を所有している場合は，現金の増加として処理します。

（現 金 預 金）　200　（受取利息配当金）　200

(4) 仮払金は，従業員の個人的用途に対する立替分であり，従業員立替金勘定で処理します。

（従業員立替金）　6,000　（仮　払　金）　6,000

(5) 建設仮勘定から7,500円を，本勘定である機械装置勘定へ振り替えます。

（機 械 装 置）　7,500　（建 設 仮 勘 定）　7,500

(6) 機械の減価償却費については，月額325円が予定計上されており，決算時の実際計算額との差額を，未成工事支出金の算入額を調整する方法で処理します。

（機械装置減価償却累計額）　100　（未成工事支出金）　100*3

　　*3　3,800円－325円×12カ月＝△100円（超過計上額）

　　備品の減価償却費は，定額法で計算して計上します。

（販売費及び一般管理費）　900　（備品減価償却累計額）　900*4

　　*4　8,000円×0.9÷8年＝900円

(7) 退職給付引当金の当期計上額については，次のように考えます。

　1．本社事務員についての計上額1,750円は，全額を販売費及び一般管理費として計上します。

　2．現場作業員についての計上額は，月額150円が予定計上されており，決算時の実際計算額との差額を，未成工事支出金の算入額を調整する方法で処理します。

（販売費及び一般管理費）　1,750　（退職給付引当金）　1,950

（未成工事支出金）　200*5

　　*5　2,000円－150円×12カ月＝200円（計上不足額）

(8) 仮設撤去費は工事原価となるため，未成工事支出金に算入します。

（未成工事支出金）　1,900　（工 事 未 払 金）　1,900

(9) 完成工事高に対して0.1％の完成工事補償引当金を，差額補充法で計上します。完成工事補償引当金繰入額は未成工事支出金に算入します。

（未成工事支出金）　200　（完成工事補償引当金）　200*6

　　*6　350,000円×0.1％＝350円

　　　　350円－150円＝200円

(10) 未成工事支出金の次期繰越額10,200円から，完成工事原価への振替額を推定します。

（完成工事原価）　4,600　（未成工事支出金）　4,600*7

　　*7　T/B12,600円＋((7)200円＋(8)1,900円＋(9)200円－(6)100円)－次期繰越額10,200円＝4,600円

(11) 保険料300円を繰延経理するとともに，家賃の未払分900円を計上します。

（前 払 保 険 料）　300　（販売費及び一般管理費）　300

（販売費及び一般管理費）　900　（未 払 家 賃）　900

精 算 表　　　　　　　　　　　　　　　　（単位：円）

勘定科目	残高試算表 借方	残高試算表 貸方	整理記入 借方	整理記入 貸方	損益計算書 借方	損益計算書 貸方	貸借対照表 借方	貸借対照表 貸方
現 金 預 金	63,600		(3) 140				63,740	
受 取 手 形	42,000						42,000	
完成工事未収入金	58,000						58,000	
貸 倒 引 当 金		1,280		(1) 720				2,000
有 価 証 券	70,000			(2) 2,800			67,200	
未成工事支出金	25,200		(7) 220 (8) 3,800 (9) 400	(5) 140 (10) 9,320			20,160	
材 料 貯 蔵 品	10,800						10,800	
仮 払 金	12,000			(4)12,000				
機 械 装 置	60,000		(6)13,000				73,000	
機械装置減価償却累計額		16,320	(5) 140					16,180
備 品	16,000						16,000	
備品減価償却累計額		6,400		(5) 2,000				8,400
建 設 仮 勘 定	18,000			(6)13,000			5,000	
支 払 手 形		21,300						21,300
工 事 未 払 金		17,400		(8) 3,800				21,200
借 入 金		20,000						20,000
未 成 工 事 受 入 金		13,400						13,400
完成工事補償引当金		280		(9) 400				680
退 職 給 付 引 当 金		30,800		(7) 3,380				34,180
資 本 金		160,000						160,000
利 益 準 備 金		4,000						4,000
繰 越 利 益 剰 余 金		1,500						1,500
完 成 工 事 高		680,000				680,000		
完 成 工 事 原 価	493,000		(10) 9,320		502,320			
販売費及び一般管理費	104,200		(1) 720 (5) 2,000 (7) 3,160 (11) 400	(11) 340	110,140			
受 取 利 息 配 当 金		3,600		(3) 140		3,740		
受 取 手 数 料		4,920				4,920		
支 払 利 息	8,400				8,400			
	981,200	981,200						
（従業員立替金）			(4)12,000				12,000	
有 価 証 券 評 価 損			(2) 2,800		2,800			
（前 払）保 険 料			(11) 340				340	
（未 払）家 賃				(11) 400				400
法人税,住民税及び事業税			(12)26,000		26,000			
未 払 法 人 税 等				(12)26,000				26,000
			74,440	74,440	649,660	688,660	368,240	329,240
当 期（純 利 益）					39,000			39,000
					688,660	688,660	368,240	368,240

(1) 貸倒引当金の設定は，売上債権に対して2％の額を差額補充法で設定します。

（販売費及び一般管理費）　720　（貸倒引当金）　720*1

$\quad$ *1　（42,000円＋58,000円）×2％＝2,000円

$\qquad$ 2,000円－1,280円＝720円

(2) 売買目的有価証券は，時価で評価します。

（有価証券評価損）　2,800　（有価証券）　2,800*2

$\quad$ *2　70,000円－67,200円＝2,800円

(3) 期限の到来した公社債の利札を所有している場合は，現金の増加として処理します。

（現金預金）　140　（受取利息配当金）　140

(4) 仮払金は，従業員の個人的用途に対する立替分であり，従業員立替金勘定で処理します。

（従業員立替金）　12,000　（仮払金）12,000

(5) 機械の減価償却費については，月額500円が予定計上されており，決算時の実際計算額との差額を，未成工事支出金の算入額を調整する方法で処理します。

（機械装置減価償却累計額）　140　（未成工事支出金）　140*3

$\quad$ *3　5,860円－500円×12カ月＝△140円（超過計上額）

備品の減価償却費は，定額法で計算して計上します。

（販売費及び一般管理費）　2,000　（備品減価償却累計額）　2,000*4

$\quad$ *4　16,000円÷8年＝2,000円

(6) 建設仮勘定から13,000円を，本勘定である機械装置勘定へ振り替えます。

（機械装置）　13,000　（建設仮勘定）　13,000

(7) 退職給付引当金の当期計上額については，次のように考えます。

1．本社事務員についての計上額3,160円は，全額を販売費及び一般管理費として計上します。

2．現場作業員についての計上額は，月額320円が予定計上されており，決算時の実際計算額との差額を，未成工事支出金の算入額を調整する方法で処理します。

（販売費及び一般管理費）　3,160　（退職給付引当金）　3,380

（未成工事支出金）　220*5

$\quad$ *5　4,060円－320円×12カ月＝220円（計上不足額）

(8) 仮設撤去費は工事原価となるため，未成工事支出金に算入します。

（未成工事支出金）　3,800　（工事未払金）　3,800

(9) 完成工事高に対して0.1％の完成工事補償引当金を，差額補充法で計上します。完成工事補償引当金繰入額は未成工事支出金に算入します。

（未成工事支出金）　400　（完成工事補償引当金）　400*6

$\quad$ *6　680,000円×0.1％＝680円

$\qquad$ 680円－280円＝400円

(10) 未成工事支出金の次期繰越額20,160円から，完成工事原価への振替額を推定します。

（完成工事原価）　9,320　（未成工事支出金）　9,320*7

$\quad$ *7　T/B25,200円＋（(7)220円＋(8)3,800円＋(9)400円－(5)140円）－次期繰越額20,160円＝9,320円

(11) 保険料340円を繰延経理するとともに，家賃の未払分400円を計上します。

（前払保険料）　340　（販売費及び一般管理費）　340

（販売費及び一般管理費）　400　（未払家賃）　400

(12) 収益と費用の差額から当期純利益を計算し，それに税率40％を掛けて法人税，住民税及び事業税を計算します。

（法人税,住民税及び事業税）26,000　（未払法人税等）26,000*8

$\quad$ *8　（収益688,660円－費用623,660円）×40％＝26,000円

精　算　表　　　　　　　　　　　　　　　　　　（単位：円）

勘定科目	残高試算表 借方	貸方	整理記入 借方	貸方	損益計算書 借方	貸方	貸借対照表 借方	貸方
現　金　預　金	50,200		(1) 9,400				59,600	
現　金　過　不　足	120			(2)　120				
受　取　手　形	28,000						28,000	
完成工事未収入金	52,000						52,000	
仮　　払　　金	10,000			(12)10,000				
貸　倒　引　当　金		560		(3) 1,040				1,600
有　価　証　券	62,000			(4) 3,800			58,200	
未成工事支出金	37,400		(5)　140 (8) 3,600 (9)　280	(7)　60 (10)14,240			27,120	
材　料　貯　蔵　品	9,200						9,200	
機　械　装　置	40,000						40,000	
機械装置減価償却累計額		13,600		(5)　140				13,740
備　　　　品	16,000						16,000	
備品減価償却累計額		3,000		(5) 2,000				5,000
支　払　手　形		18,200						18,200
工　事　未　払　金		16,800		(8) 3,600				20,400
借　　入　　金		30,000		(1) 9,400				39,400
未成工事受入金		15,400		(6) 2,400				17,800
完成工事補償引当金		360		(9)　280				640
仮　　受　　金		2,400	(6) 2,400					
退職給付引当金		27,200	(7)　60	(7) 3,220				30,360
資　　本　　金		100,000						100,000
利　益　準　備　金		5,000						5,000
繰越利益剰余金		2,800						2,800
完　成　工　事　高		640,000				640,000		
完　成　工　事　原　価	479,400		(10)14,240		493,640			
販売費及び一般管理費	94,200		(2)　120 (3) 1,040 (5) 2,000 (7) 3,220	(11)　340	100,240			
受取利息配当金		4,000				4,000		
受　取　手　数　料		5,400	(11) 1,520			3,880		
支　払　利　息	6,200				6,200			
	884,720	884,720						
有　価　証　券　評　価　損			(4) 3,800		3,800			
（前　払）保　険　料			(11)　340				340	
（前　受）手　数　料				(11) 1,520				1,520
法人税,住民税及び事業税			(12)17,600		17,600			
未　払　法　人　税　等				(12) 7,600				7,600
			59,760	59,760	621,480	647,880	290,460	264,060
当　期（純　利　益）					26,400			26,400
					647,880	647,880	290,460	290,460

(1) 当座借越は，「借入金」へ振り替えます。

（現 金 預 金） 9,400 （借 入 金） 9,400

(2) 現金過不足の原因が判明したので，該当勘定へ振り替えます。

（販売費及び一般管理費） 120 （現 金 過 不 足） 120

(3) 貸倒引当金の設定は，売上債権に対して2％の額を差額補充法で設定します。

（販売費及び一般管理費） 1,040 （貸 倒 引 当 金） 1,040*1

＊1 { (イ)：(28,000円＋52,000円)×2％＝1,600円
     (ロ)：1,600円－T/B560円＝1,040円

(4) 売買目的有価証券は，時価で評価します。

（有価証券評価損） 3,800 （有 価 証 券） 3,800*2

＊2 62,000円－58,200円＝3,800円

(5) 機械の減価償却費については，月額480円が予定計上されており，決算時の実際計算額との差額を，未成工事支出金の算入額を調整する方法で処理します。

（未成工事支出金） 140 （機械装置減価償却累計額） 140*3

＊3 5,900円－480円×12カ月＝140円(計上不足額)
備品の減価償却費は，定額法で計算して計上します。

（販売費及び一般管理費） 2,000 （備品減価償却累計額） 2,000*4

＊4 16,000円÷8年＝2,000円

(6) 仮受金を「未成工事受入金」へ振り替えます。

（仮 受 金） 2,400 （未成工事受入金） 2,400

(7) 退職給付引当金の当期計上額については，次のように考えます。

1．本社事務員についての計上額3,220円は，全額を販売費及び一般管理費として計上します。

2．現場作業員についての計上額は，月額280円が予定計上されており，決算時の実際計算額との差額を，未成工事支出金の算入額を調整する方法で処理します。

（販売費及び一般管理費） 3,220 （退職給付引当金） 3,220

（退職給付引当金） 60 （未成工事支出金） 60*5

＊5 3,300円－280円×12カ月＝△60円(超過計上額)

(8) 仮設撤去費は工事原価となるため，未成工事支出金に算入します。

（未成工事支出金） 3,600 （工 事 未 払 金） 3,600

(9) 完成工事高に対して0.1％の完成工事補償引当金を，差額補充法で計上します。完成工事補償引当金繰入額

は未成工事支出金に算入します。

（未成工事支出金） 280 （完成工事補償引当金） 280*6

＊6 640,000円×0.1％＝640円
640円－360円＝280円

(10) 未成工事支出金の次期繰越額27,120円から，完成工事原価への振替額を推定します。

（完成工事原価） 14,240 （未成工事支出金） 14,240*7

＊7 T/B37,400円＋((5)140円＋(8)3,600円＋(9)280円－(7)60円)－次期繰越額27,120円＝14,240円

(11) 保険料340円を繰延経理するとともに，受取手数料の前受分1,520円を計上します。

（前 払 保 険 料） 340 （販売費及び一般管理費） 340

（受 取 手 数 料） 1,520 （前 受 手 数 料） 1,520

(12) 収益と費用の差額から当期純利益を計算し，それに税率40％を掛けて法人税，住民税及び事業税を計算します。なお，中間納付額が仮払金勘定で処理されているので，残額を未払法人税等とします。

（法人税,住民税及び事業税） 17,600*8 （仮 払 金） 10,000
（未払法人税等） 7,600

＊8 (収益647,880円－費用603,880円)×40％＝17,600円

損 益 計 算 書

東京建設株式会社　　自令和△年4月1日　至令和×年3月31日　　　　（単位：円）

I	完 成 工 事 高			〔 9,600,000 〕
II	完 成 工 事 原 価			〔 7,680,000 〕
	完 成 工 事 総 利 益			〔 1,920,000 〕
III	販売費及び一般管理費			
	役 員 報 酬	125,000		
	従業員給料手当	〔 265,000 〕		
	退職給付引当金繰入額	〔 23,000 〕		
	法 定 福 利 費	〔 61,500 〕		
	修 繕 維 持 費	57,000		
	事 務 用 品 費	45,000		
	通 信 交 通 費	〔 25,000 〕		
	動力用水光熱費	〔 73,000 〕		
	広 告 宣 伝 費	〔 65,000 〕		
	貸倒引当金繰入額	〔 35,000 〕		
	地 代 家 賃	〔 18,800 〕		
	減 価 償 却 費	〔 356,400 〕		
	雑 費	10,300		〔 1,160,000 〕
	営 業 利 益			〔 760,000 〕
IV	営 業 外 収 益			
	受取利息配当金	〔 45,000 〕		〔 45,000 〕
V	営 業 外 費 用			
	支 払 利 息	〔 39,500 〕		
	有価証券評価損	〔 27,000 〕		〔 66,500 〕
	経 常 利 益			〔 738,500 〕
VI	特 別 利 益			
	償却債権取立益	〔 18,200 〕		
	固定資産売却益	〔 175,000 〕		〔 193,200 〕
VII	特 別 損 失			
	固定資産除却損	5,000		5,000
	税引前当期純利益			〔 926,700 〕
	法人税, 住民税及び事業税			〔 370,000 〕
	当 期 純 利 益			〔 556,700 〕

完成工事原価報告書

東京建設株式会社　　　自令和△年4月1日　至令和×年3月31日　　　　（単位：円）

Ⅰ　材　料　費	〔	3,576,700 〕
Ⅱ　労　務　費	〔	1,243,000 〕
Ⅲ　外　注　費	〔	583,000 〕
Ⅳ　経　　　費	〔	2,277,300 〕
（うち人件費　〔　1,106,800 〕）		
完成工事原価	〔	7,680,000 〕

貸　借　対　照　表

東京建設株式会社　　　　　令和×年3月31日　　　　　　（単位：円）

資　産　の　部

Ⅰ　流　動　資　産

現　金　預　金		〔	458,000 〕
受　取　手　形		〔	300,000 〕
完成工事未収入金		〔	1,450,000 〕
未成工事支出金		〔	369,000 〕
材　料　貯　蔵　品			230,000
前　払　費　用			1,500
未　収　収　益		〔	17,000 〕
貸　倒　引　当　金		〔△	35,000 〕
流　動　資　産　合　計		〔	2,790,500 〕

Ⅱ　固　定　資　産

（1）有形固定資産

建　　　　物	1,500,000		
減価償却累計額	△　810,000		690,000
機　械・運　搬　具	〔　1,750,000 〕		
減価償却累計額	〔△　960,400 〕	〔	789,600 〕
土　　　　地		〔	800,000 〕
有形固定資産計		〔	2,279,600 〕

（2）投資その他の資産

投資有価証券	〔	343,000 〕
投資その他の資産計	〔	343,000 〕
固定資産合計	〔	2,622,600 〕
資　産　合　計	〔	5,413,100 〕

負 債 の 部

Ⅰ 流 動 負 債

支 払 手 形		255,000
工 事 未 払 金		427,000
未 払 法 人 税 等		〔 162,000 〕
未 払 費 用		〔 6,300 〕
未 成 工 事 受 入 金		〔 310,500 〕
完成工事補償引当金		〔 9,600 〕
流 動 負 債 合 計		〔 1,170,400 〕

Ⅱ 固 定 負 債

退 職 給 付 引 当 金		〔 307,000 〕
固 定 負 債 合 計		〔 307,000 〕
負 債 合 計		〔 1,477,400 〕

純 資 産 の 部

Ⅰ 株 主 資 本

1. 資 本 金　　　　　　　　　　　　　3,000,000

2. 利 益 剰 余 金

(1) 利 益 準 備 金　　　　250,000

(2) その他利益剰余金

繰越利益剰余金　　〔 685,700 〕　〔 935,700 〕

純 資 産 合 計　　　　　　　　　〔 3,935,700 〕

負債・純資産合計　　　　　　　〔 5,413,100 〕

解答への道

1. 決算整理後の残高試算表が資料として示されている
ため，損益計算書と貸借対照表の表示に注意すれば，
容易に解答できるはずです。

2. 完成工事原価報告書の経費中の人件費については，
「従業員給料手当」と「退職給付引当金繰入額」，「法
定福利費」および「福利厚生費」です。

　　＊　370,000円＋277,300円＋167,000円＋292,500円
　　　　＝1,106,800円

18-1

		借方科目	金　額	貸方科目	金　額
(1)	本店	支　　　店	500,000	現　　　金	500,000
	支店	現　　　金	500,000	本　　　店	500,000
(2)	本店	現　　　金	100,000	支　　　店	100,000
	支店	本　　　店	100,000	現　　　金	100,000
(3)	本店	支　　　店	220,000	材 料 売 上	220,000
		材料売上原価	200,000	材　　　料	200,000
	支店	材　　　料	220,000	本　　　店	220,000
(4)	本店	工事未払金	50,000	支　　　店	50,000
	支店	本　　　店	50,000	現　　　金	50,000
(5)	本店	現　　　金	320,000	支　　　店	320,000
	支店	本　　　店	320,000	完成工事未収入金	320,000
(6)	本店	支　　　店	200,000	材　　　料	200,000
	支店	材　　　料	200,000	本　　　店	200,000
(7)	本店	旅費交通費	30,000	支　　　店	30,000
	支店	本　　　店	30,000	現　　　金	30,000

18-2

〈本店集中計算制度〉

		借方科目	金　額	貸方科目	金　額
(1)	本店	S　支　店	350,000	現　　　金	350,000
	S支店	現　　　金	350,000	本　　　店	350,000
	T支店	仕 訳 不 要			
(2)	本店	T　支　店	150,000	S　支　店	150,000
	S支店	本　　　店	150,000	現　　　金	150,000
	T支店	現　　　金	150,000	本　　　店	150,000
(3)	本店	T　支　店	400,000	S　支　店	400,000
	S支店	本　　　店	400,000	完成工事未収入金	400,000
	T支店	現　　　金	400,000	本　　　店	400,000
(4)	本店	S　支　店	90,000	T　支　店	90,000
	S支店	工事未払金	90,000	本　　　店	90,000
	T支店	本　　　店	90,000	現　　　金	90,000

〈支店分散計算制度〉

		借方科目	金　額	貸方科目	金　額
(1)	本店	S　支　店	350,000	現　　　金	350,000
	S支店	現　　　金	350,000	本　　　店	350,000
	T支店	仕 訳 不 要			
(2)	本店	仕 訳 不 要			
	S支店	T　支　店	150,000	現　　　金	150,000
	T支店	現　　　金	150,000	S　支　店	150,000
(3)	本店	仕 訳 不 要			
	S支店	T　支　店	400,000	完成工事未収入金	400,000
	T支店	現　　　金	400,000	S　支　店	400,000
(4)	本店	仕 訳 不 要			
	S支店	工事未払金	90,000	T　支　店	90,000
	T支店	S　支　店	90,000	現　　　金	90,000

解答への道

　本店集中計算制度とは，支店相互間の取引であっても本店を経由したとみなして処理する方法です。

　これに対して，支店分散計算制度とは，支店相互間の取引を，支店相互間のみの取引として処理する方法です。

18-3

(1) ┃ 83,000 ┃円 (2) ┃ 39,000 ┃円 (3) ┃ 675,300 ┃円

解答への道

(1) 本店の仕訳

（支 店）	52,000	（備 品）	52,000
（現 金）	32,000	（支 店）	32,000
（支 店）	15,000	（現 金）	15,000

支 店

残高	上記仕訳より
48,000円	32,000円
上記仕訳より	残高
52,000円	83,000円
15,000円	

(2)① 工事代金の回収

福岡支店

| （現 金） | 36,000 | （本 店） | 36,000 |

熊本支店

| （本 店） | 36,000 | （完成工事未収入金） | 36,000 |

本店

| （福 岡 支 店） | 36,000 | （熊 本 支 店） | 36,000 |

② 交際費の立替払い

福岡支店

| （交 際 費） | 25,000 | （本 店） | 25,000 |

熊本支店

| （本 店） | 25,000 | （現 金） | 25,000 |

本店

| （福 岡 支 店） | 25,000 | （熊 本 支 店） | 25,000 |

熊 本 支 店

残高	① 36,000円
100,000円	② 25,000円
	残高
	39,000円

(3) 本店から支店へ振り替えられた勘定科目，金額はそのまま支店の帳簿に計上されます。本店勘定は仕訳から貸借差額で求めます。

支店の仕訳

（現 金）	72,000	（工事未払金）	48,500
（材料貯蔵品）	24,800	（機械装置減価償却累計額）	26,000
（機 械 装 置）	65,000	（本 店）	675,300*
（完成工事未収入金）	588,000		

＊ 貸借差額

18-4

(1) ┃ 5,000 ┃円 (2) ┃ 2,250 ┃円

解答への道

(1) 支店が有している材料のうち本店から仕入れた材料にはすべて5％の内部利益が加算されています。

$$内部利益：\underbrace{(69,300円＋35,700円)}_{本店仕入分}×\frac{0.05}{1.05}$$

$$＝5,000円$$

(2) 支店が有している材料のうち本店から仕入れた材料にはすべて3％の内部利益が加算されています。

$$内部利益：\underbrace{(61,800円＋15,450円)}_{本店仕入分}×\frac{0.03}{1.03}$$

$$＝2,250円$$

第1問 （20点）4点×5

No.	借　方			貸　方		
	記号	勘定科目	金　額	記号	勘定科目	金　額
(例)	B	当 座 預 金	100,000	A	現　　　金	100,000
(1)	N	損　　　益	25,600,000	S	繰越利益剰余金	25,600,000
(2)	M	建　　　物	50,000,000	K	建 設 仮 勘 定	45,000,000
				F	未　払　金	5,000,000
(3)	L	建物減価償却累計額	3,330,000	M	建　　　物	10,050,000
	Q	火 災 未 決 算	6,720,000			
(4)	P	有価証券評価損	50,000	C	有 価 証 券	50,000
(5)	R	工 事 未 払 金	4,900,000	B	当 座 預 金	4,802,000
				J	仕 入 割 引	98,000

解答への道

(1) 純損益の振り替え

　決算の結果，当期純利益が計算された場合，損益勘定の貸方残高を繰越利益剰余金勘定の貸方に振り替えます。

(2) 建物

　建設中の固定資産について，すでに支出された金額は，建設仮勘定として処理しているので，完成した際は，同勘定を固定資産の勘定（本問は建物）に振り替えます。

(3) 固定資産の焼失

　焼失した固定資産に保険契約が付されているときは，保険金受取額が確定するまで焼失時の帳簿価額を火災未決算勘定で処理します。

(4) 売買目的有価証券の評価替え

　　（@530円－@550円）×2,500株＝△50,000円

(5) 仕入割引

　　工事未払金：x－0.02x＝4,802,000円

　　　　　　　　　0.98x＝4,802,000円

　　　　　　　　　　　x＝4,900,000円

第2問 （12点）3点×4

(1) ⟦ 80,000 ⟧円　(2) ⟦ 280,000 ⟧円

(3) ⟦ 9,000 ⟧円　(4) ⟦ 500,000 ⟧円

解答への道

(1)① 当期末までの工事収益額：

$$250,000円 \times \frac{108,500円}{175,000円} = 155,000円$$

② 前期末までの工事収益額：

$$250,000円 \times \frac{51,000円}{170,000円} = 75,000円$$

③ 当期工事収益額：155,000円－75,000円＝80,000円

(2) 本店の仕訳：

　（支　　店）200,000　（完成工事未収入金）200,000

　（支　　店）80,000　（現　　金）80,000

本店の支店勘定：

支　　店

取引前残高 ＊借方残高と仮定	} 取引後残高
200,000	
80,000	

　∴　取引前と取引後は，280,000円の違いになります。

(3) 3,000,000円×1％－21,000円＝9,000円

(4) 取得原価をxにして求めます。

$$200,000円 - \underbrace{(x - x \times \frac{4年（第1期首～第4期末）}{8年})}_{帳簿価額}$$
売却価額

$$= △50,000円$$
売却損

　　x＝500,000円

部門費振替表

（単位：円）

摘　　要	合　　計	施工部門		補助部門		
		第1部門	第2部門	運搬部門	修繕部門	材料管理部門
部門費合計	6,244,000	2,974,400	2,091,600	532,000	286,000	360,000
（第1次配賦）						
運搬部門費	（ 532,000 ）	※212,800	159,600	——	53,200	106,400
修繕部門費	（ 286,000 ）	125,840	※102,960	42,900	——	14,300
材料管理部門費	（ 360,000 ）	172,800	115,200	※ 18,000	54,000	——
				60,900	※107,200	120,700
（第2次配賦）						
運搬部門費	（ 60,900 ）	※ 34,800	26,100			
修繕部門費	（ 107,200 ）	58,960	※ 48,240			
材料管理部門費	（ 120,700 ）	※ 72,420	48,280			
合　　計		×××	×××			

解答への道

1．補助部門費の配賦（相互配賦法）

(1) 第1次配賦

① 運搬部門費

$$532,000円 \times \frac{40\%}{40\% + 30\% + 10\% + 20\%}$$
$$= 212,800円 （第1部門）$$

$$〃 \times \frac{30\%}{40\% + 30\% + 10\% + 20\%}$$
$$= 159,600円 （第2部門）$$

$$〃 \times \frac{10\%}{40\% + 30\% + 10\% + 20\%}$$
$$= 53,200円 （修繕部門）$$

$$〃 \times \frac{20\%}{40\% + 30\% + 10\% + 20\%}$$
$$= 106,400円 （材料管理部門）$$

② 修繕部門

$$286,000円 \times \frac{44\%}{44\% + 36\% + 15\% + 5\%}$$
$$= 125,840円 （第1部門）$$

$$〃 \times \frac{36\%}{44\% + 36\% + 15\% + 5\%}$$
$$= 102,960円 （第2部門）$$

$$〃 \times \frac{15\%}{44\% + 36\% + 15\% + 5\%}$$
$$= 42,900円 （運搬部門）$$

$$〃 \times \frac{5\%}{44\% + 36\% + 15\% + 5\%}$$
$$= 14,300円 （材料管理部門）$$

③　材料管理部門

$$360,000円 \times \frac{48\%}{48\%+32\%+5\%+15\%}$$

$$=172,800円（第1部門）$$

$$″ \times \frac{32\%}{48\%+32\%+5\%+15\%}$$

$$=115,200円（第2部門）$$

$$″ \times \frac{5\%}{48\%+32\%+5\%+15\%}$$

$$=18,000円（運搬部門）$$

$$″ \times \frac{15\%}{48\%+32\%+5\%+15\%}$$

$$=54,000円（修繕部門）$$

(2)　第2次配賦

①　運搬部門（42,900円+18,000円=60,900円）

$$60,900円 \times \frac{40\%}{40\%+30\%}$$

$$=34,800円（第1部門）$$

$$″ \times \frac{30\%}{40\%+30\%}$$

$$=26,100円（第2部門）$$

②　修繕部門（53,200円+54,000円=107,200円）

$$107,200円 \times \frac{44\%}{44\%+36\%}$$

$$=58,960円（第1部門）$$

$$″ \times \frac{36\%}{44\%+36\%}$$

$$=48,240円（第2部門）$$

③　材料管理部門（106,400円+14,300円=120,700円）

$$120,700円 \times \frac{48\%}{48\%+32\%}$$

$$=72,420円（第1部門）$$

$$″ \times \frac{32\%}{48\%+32\%}$$

$$=48,280円（第2部門）$$

第4問　(24点)　問1　1点×4　問2　※4点×4　◎2点×2

問1

記号（ア～ク）

1	2	3	4
ウ	カ	イ	ク

問2

完成工事原価報告書

令和×8年7月

（単位：円）

Ⅰ．材　料　費	（　※	736,170　）
Ⅱ．労　務　費	（　※	336,540　）
Ⅲ．外　注　費	（　※	542,930　）
Ⅳ．経　　　費	（　※	172,410　）
完成工事原価	（	1,788,050　）

工事間接費配賦差異　| 3,360 |　円◎

記号（AまたはB）　| A |　◎

解答への道

問1　原価の基本的諸概念

　　原価計算基準では，原価計算制度上の原価を次のように規定しています。

　　「経営における一定の給付にかかわらせて，把握された財貨または用役の消費を，貨幣価値的に表したものをいう。」

　　その特徴をまとめると次のようになります。

原価計算制度上の原価

① 原価は経済価値（物品やサービスなど）の消費である。

② 原価は給付に転嫁される価値である。

③ 原価は経営目的（生産販売）に関連したものである。

④ 原価は正常的なものである。

　　なお，ここでいう「給付」とは，経営活動により作り出される財貨または用役をいい，建設業では，完成した工事や未完成の工事（未成工事支出金）を意味します。

本問は上記を参考にして，解答していきましょう。

問 2　完成工事原価報告書の作成

(1)　現場技術者の給料手当（工事間接費）の予定配賦額

　　　2701号工事　@1,620× 8 時間＝12,960円

　　　2702号工事　@1,620×12時間＝19,440円

　　　2703号工事　@1,620×24時間＝38,880円

　　　　　　　　　　　　　　　　　71,280円

(2)　工事間接費配賦差異の月末残高

　　　71,280円－66,810円－7,830円
　　　　予定　　　実際　　前月繰越・借方

　　　＝△3,360円（借方「Ａ」）

(3)　完成工事原価報告書（2701号，2703号工事の費目別原価合計）

　Ⅰ．材料費：306,120円＋57,730円＋372,320円
　　　　　　前月繰越(2701号工事) 2701号工事　2703号工事

　　　　　　　　　　　　　　　　　　＝736,170円

　Ⅱ．労務費：69,850円＋24,200円＋242,490円
　　　　　　前月繰越(2701号工事) 2701号工事　2703号工事

　　　　　　　　　　　　　　　　　　＝336,540円

　Ⅲ．外注費：47,810円＋124,120円＋371,000円
　　　　　　前月繰越(2701号工事) 2701号工事　2703号工事

　　　　　　　　　　　　　　　　　　＝542,930円

　Ⅳ．経　費：66,420円＋（25,040円＋12,960円）
　　　　　　前月繰越(2701号工事)　　　 2701号工事

　　　　　　＋（29,110円＋38,880円）＝　172,410円
　　　　　　　　2703号工事

　　　　　　　　　　　　　　　　　　1,788,050円

精 算 表　　　　　　　　　　　　　（単位：円）

勘 定 科 目	残高試算表 借方	残高試算表 貸方	整理記入 借方	整理記入 貸方	損益計算書 借方	損益計算書 貸方	貸借対照表 借方	貸借対照表 貸方
現 金 預 金	107,800						107,800	
受 取 手 形	287,500						287,500	
完成工事未収入金	782,500						782,500	
貸 倒 引 当 金		19,500		1,900				※ 21,400
有 価 証 券	28,000			2,000			26,000	
材 料 貯 蔵 品	31,800		2,200				※ 34,000	
未成工事支出金	406,800		1,200 2,100 1,000	2,200 600 9,300			※ 399,000	
仮 払 金	76,400			76,400				
建 物	900,000						900,000	
建物減価償却累計額		420,000		27,000				447,000
車 両 運 搬 具	84,000						84,000	
車両運搬具減価償却累計額		33,600		1,200				※ 34,800
土 地	311,000						311,000	
支 払 手 形		355,300						355,300
工 事 未 払 金		343,000		2,100				345,100
借 入 金		397,000						397,000
未成工事受入金		502,000						502,000
完成工事補償引当金		7,300		1,000				8,300
退職給付引当金		206,000	600	7,900				※ 213,300
資 本 金		100,000						100,000
繰越利益剰余金		22,000						22,000
完 成 工 事 高		4,150,000				4,150,000		
完 成 工 事 原 価	3,355,000		9,300		※3,364,300			
販売費及び一般管理費	172,400		2,000 27,000 7,900		※ 209,300			
受取利息配当金		2,500				2,500		
支 払 利 息	15,000				15,000			
	6,558,200	6,558,200						
前 払 費 用			1,000				※ 1,000	
貸倒引当金繰入額			1,900		1,900			
有価証券評価損			2,000		2,000			
未払法人税等				150,600				※ 150,600
法人税, 住民税及び事業税			224,000		224,000			
			282,200	282,200	3,816,500	4,152,500	2,932,800	2,596,800
当期 （純利益）					※ 336,000			336,000
					4,152,500	4,152,500	2,932,800	2,932,800

解答への道

(1) 貸倒引当金の計上

(貸倒引当金繰入額) 1,900* (貸倒引当金) 1,900

　* (287,500円＋782,500円)×2％－19,500円
　　　　受取手形　　完成工事未収入金　　　　T/B残高
　　＝1,900円（繰入）

(2) 売買目的有価証券の評価

(有価証券評価損) 2,000* (有 価 証 券) 2,000

　* 26,000円－28,000円＝△2,000円（評価損）
　　　　時価　　　　取得原価

(3) 仮払金

① 保険料

(販売費及び一般管理費) 2,000 (仮 払 金) 3,000
保険料

(前 払 費 用) 1,000*

　* $3,000円 × \dfrac{4 カ月}{12 カ月} = 1,000円$

② ⑽の法人税等の計上で処理します。

(4) 仮設材料の評価（すくい出し方式）

(材料貯蔵品) 2,200 (未成工事支出金) 2,200

(5) 減価償却費の計上（予定計算）

① 車両運搬具

　　車両運搬具の減価償却費については，工事現場用であり月額1,300円が予定計上（工事原価算入）されているため，決算時の実際発生額との差額は，当期の工事原価（未成工事支出金）に加減します。

(未成工事支出金) 1,200* (車両運搬具減価償却累計額) 1,200
減価償却費

　* (1,300円/月×12カ月)－16,800円
　　　予定計上額　　　　実際発生額
　　＝△1,200円（計上不足）

② 建物

(販売費及び一般管理費) 27,000* (建物減価償却累計額) 27,000
減価償却費

　* (900,000円－90,000円)÷30年＝27,000円
　　　　　　　900,000円×10%

(6) 工事未払金

(未成工事支出金) 2,100 (工事未払金) 2,100

(7) 退職給付引当金

① 管理部門

(販売費及び一般管理費) 7,900 (退職給付引当金) 7,900
退職給付引当金繰入額

② 施工部門

　　施工部門の繰入額は，月額1,200円が予定計上（工事原価算入）されているため，決算時の実際発生額との差額は，当期の工事原価（未成工事支出金）に加減します。

(退職給付引当金) 600* (未成工事支出金) 600
退職給付引当金繰入額

　* (1,200円/月×12カ月)－13,800円
　　　予定計上額　　　　実際発生額
　　＝600円（過大計上）

(8) 完成工事補償引当金の計上

(未成工事支出金) 1,000* (完成工事補償引当金) 1,000
完成工事補償引当金繰入額

　* (4,150,000円×0.2%)－7,300円
　　　完成工事高　　　　　T/B残高
　　＝1,000円（繰入額）

(9) 完成工事原価

(完成工事原価) 9,300* (未成工事支出金) 9,300

　* 406,800円－2,200円＋1,200円＋2,100円
　　　T/B残高　　(4)　　(5)①　　　(6)
　　－600円＋1,000円－399,000円＝9,300円
　　(7)②　　(8)　　　次期繰越

⑽ 法人税等の計上

(法人税,住民税及び事業税) 224,000*1 (仮 払 金) 73,400
　　　　　　　　　　　　　　　　(未払法人税等) 150,600*2

　*1 (4,152,500円－3,592,500円)×40％＝224,000円
　　　　収益合計　　　　費用合計

　*2 224,000円－73,400円＝150,600円
　　　　　　　　中間納付額(3)②

〈69〉

第1問 （20点）4点×5

No.	借　　　　方			貸　　　　方		
	記号	勘 定 科 目	金　　額	記号	勘 定 科 目	金　　額
（例）	B	当 座 預 金	100,000	A	現　　　　　金	100,000
(1)	K	工 事 未 払 金	561,000	R	材　　料　　費	59,000
				L	裏 書 手 形	502,000
(2)	G	土　　　　　地	7,150,000	J	営 業 外 支 払 手 形	7,000,000
				A	現　　　　　金	150,000
(3)	C	未 成 工 事 支 出 金	18,270,000	B	当 座 預 金	8,270,000
				I	支 払 手 形	10,000,000
(4)	E	機 械 装 置	900,000	B	当 座 預 金	1,520,000
	M	修 繕 引 当 金	520,000			
	S	機 械 等 修 繕 費	100,000			
(5)	K	工 事 未 払 金	918,000	B	当 座 預 金	788,000
				N	当 座 借 越	130,000

解答への道

(1) 工事未払金の支払い，遡求義務（評価勘定）

　　材料代金の未払い分は工事未払金勘定（負債）で処理されています。なお，一定期間に多量又は多額に材料等を仕入れた場合，報奨金的な意味で仕入代金の返金が行われることがあり，これを仕入割戻といいます。また，傷汚れなどにより仕入代金の返金が行われることを，仕入値引きといいます。割戻しおよび値引き後の工事未払金を手持ちの約束手形で裏書譲渡した分は評価勘定の指示により，裏書手形勘定（資産のマイナス）で処理します。

仕入時：

（材 料 費）561,000* （工事未払金）561,000

　*　@2,550円×220個＝561,000円

支払時（①と②を合算した仕訳が解答）：

① 仕入割戻と値引き

（工事未払金）59,000 （材 料 費）59,000*

　*　48,000円＋11,000円＝59,000円
　　　割戻し　　値引き

② 工事未払金の支払い

（工事未払金）502,000* （裏 書 手 形）502,000

　*　561,000円－59,000円＝502,000円
　　　上記①

(2) 固定資産の購入（営業外支払手形）

　　固定資産を購入した際に約束手形を振り出した場合，通常の営業取引で用いる支払手形勘定（負債）と区別して営業外支払手形勘定（負債）で処理します。なお，購入に伴う手数料は固定資産の取得原価に含めます。

(3) 工事完成基準（未成工事支出金）

　　工事完成基準を適用しているため完成工事高勘定

（収益）の計上は行いません。また，完成していない工事に対する当期の工事原価18,270,000円は未成工事支出金勘定（資産）で処理します。

(4) 改良と修繕

　　固定資産について補修を行った支出額のうち，改良分は固定資産（本問では機械装置）の勘定で処理し，修繕分は費用（本問では機械等修繕費）で処理します。なお，修繕引当金が520,000円計上されているので修繕分のうち520,000円は修繕引当金を取り崩して処理します。

(5) 工事未払金の支払い，当座借越（二勘定制）

　　工事未払金を支払うために振り出した小切手のうち，当座預金勘定の残高を超えて振り出した金額は当座借越勘定（負債）で処理します。

第2問 （12点）3点×4

(1)	28,000	円	(2)	400,000	円
(3)	80,900	円	(4)	2,510,000	円

解答への道

(1)① 当期末までの工事収益額：

$$800,000円 \times \frac{468,000円}{520,000円}(0.9) = 720,000円$$

② 前期末までの工事収益額：

$$800,000円 \times \frac{336,000円}{480,000円}(0.7) = 560,000円$$

③ 当期工事収益額：

$$720,000円 - 560,000円 = 160,000円$$

④ 当期工事原価：

$$468,000円 - 336,000円 = 132,000円$$

⑤ 当期工事総利益：

$$160,000円 - 132,000円 = 28,000円$$

(2) 引落連絡未達は当社の減算項目，未取付小切手は銀行の減算項目，未渡小切手は当社の加算項目です。以下銀行勘定調整表を作成します。

銀行勘定調整表（両者区分調整法）

当座預金勘定残高	417,000	銀行残高証明書	425,000
加算：未渡小切手	34,000	加算：なし	
減算：引落連絡未達	51,000	減算：未取付小切手	25,000
	400,000		400,000

(3) 支店が有している材料のうち本店から仕入れた材料にはすべて20%の内部利益が加算されています。

$$(287,400円 + 198,000円) \times \frac{0.2}{1.2} = 80,900円$$

(4)① 当期首：

　　（支払家賃）200,000　（前払家賃）200,000

　　＊　前期前払高は，当期首において，再振替仕訳を行います。

② 当期支払高：

　　（支払家賃）2,520,000　（現金など）2,520,000

③ 当期末：

　　（前払家賃）210,000　（支払家賃）210,000

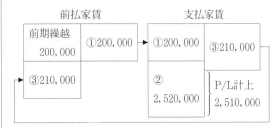

第3問 （14点）※4点×3　◎2点×1

問1　工事間接費予算額　| 5,292,000 | 円※

問2　工事間接費配賦額　| 42,000 | 円※

問3　工事間接費配賦差異　| 15,100 | 円※

　　記号（AまたはB）　| B | ◎

解答への道

問1　当会計期間の工事間接費予算額

$$\underset{\substack{直接原価\\総発生見積額}}{189,000,000円^*} \times \underset{予定配賦率}{2.8\%} = 5,292,000円$$

＊　$\underset{材料費}{72,700,000円} + \underset{労務費}{38,800,000円} + \underset{外注費}{58,600,000円}$

$$+ \underset{直接経費}{18,900,000円} = 189,000,000円$$

問2　当月の102工事への工事間接費配賦額

$1,500,000円^* ×2.8\%＝42,000円$

102工事当月直接原価

$*\quad\underbrace{393,000円}_{材料費}＋\underbrace{395,000円}_{労務費}＋\underbrace{501,000円}_{外注費}＋\underbrace{211,000円}_{直接経費}$

$＝1,500,000円$

問3　当月の工事間接費配賦差異の月末残高

$\underbrace{417,620円^*}_{予定配賦額}－\underbrace{393,420円}_{実際発生額}－\underbrace{9,100円}_{前月繰越・借方}$

$＝15,100円（貸方「B」）$

$*\quad(\underbrace{5,441,000円}_{材料費合計}＋\underbrace{3,331,000円}_{労務費合計}＋\underbrace{4,509,000円}_{外注費合計}$

$＋\underbrace{1,634,000円}_{直接経費合計})×2.8\%＝417,620円$

第4問 （24点）問1　1点×4　問2※4点×5

問1

記号	1	2	3	4
（A～C）	C	A	B	A

問2

工事原価明細表
令和×9年12月

（単位：円）

	当月発生工事原価		当月完成工事原価	
Ⅰ．材料費	859,500	※	888,500	
Ⅱ．労務費	916,000		940,000	※
Ⅲ．外注費	1,571,000		1,550,000	※
Ⅳ．経費	717,000		810,000	※
（うち人件費）	（344,000）	※	（357,000）	
工事原価	4,063,500		4,188,500	

問1

1．火災により材料倉庫が消失したために発生した材料の損失額は，偶発的事故による損失になるのでC非原価に該当します。

2．建設作業現場へ車両で通勤する作業員の駐車場代は，工事現場の維持・管理のための支出になるのでA工事原価に該当します。

3．住宅リフォーム工事を受注するための広報活動に関する新聞広告代は，販売費及び一般管理費であり，総原価に含まれるのでB期間費用（ピリオド・コスト）に該当します。

4．建設作業現場の安全管理に対する支出額は，工事現場の維持・管理のための支出になるのでA工事原価に該当します。

問2　工事原価明細表の作成

(1)　当月発生工事原価

①　材料費

$\underbrace{7,900円}_{月初有高}＋\underbrace{960,000円}_{総仕入高}－\underbrace{103,000円}_{値引・返品高}－\underbrace{5,400円}_{月末有高}$

$＝859,500円$

② 労務費

$930,000円 - 102,000円 + 88,000円 = 916,000円$
　　支払高　　月初未払　　月末未払

③ 外注費

$1,522,000円 - 145,000円 + 194,000円$
　　支払高　　月初未払　　月末未払

$= 1,571,000円$

④ 経費

$76,000円 + 268,000円 + 76,000円 + 50,000円$
動力用水光熱費　従業員給料手当　法定福利費　旅費交通費

$+ 9,000円 + (156,000円 + 14,000円 - 11,000円)$
　通信費　　地代家賃　月初前払　月末前払

$+ (36,000円 + 18,000円 - 15,000円)$
　保険料　月初前払　月末前払

$+ (34,000円 + 6,000円) = 717,000円$
事務用品費　月末未払

⑤ 経費のうち人件費

$268,000円 + 76,000円 = 344,000円$
従業員給料手当　法定福利費

(2) 当月完成工事原価

① 材料費

$221,000円 + 859,500円 - 192,000円 = 888,500円$
月初有高　　(1)①　　月末有高

② 労務費

$287,000円 + 916,000円 - 263,000円 = 940,000円$
月初有高　　(1)②　　月末有高

③ 外注費

$510,000円 + 1,571,000円 - 531,000円$
月初有高　　(1)③　　月末有高

$= 1,550,000円$

④ 経費

$219,000円 + 717,000円 - 126,000円 = 810,000円$
月初有高　　(1)④　　月末有高

⑤ 経費のうち人件費

$64,000円 + 344,000円 - 51,000円 = 357,000円$
月初有高　　(1)⑤　　月末有高

精 算 表　　　　　　　　　　　　　　（単位：円）

勘 定 科 目	残高試算表 借方	残高試算表 貸方	整理記入 借方	整理記入 貸方	損益計算書 借方	損益計算書 貸方	貸借対照表 借方	貸借対照表 貸方
現　　　　　金	4,500						4,500	
当 座 預 金	88,200						88,200	
受 取 手 形	806,000						806,000	
完成工事未収入金	1,244,000			50,000			1,194,000	
貸 倒 引 当 金		38,300		1,700				※ 40,000
未成工事支出金	1,123,000		4,600	1,600			※1,133,500	
			2,000	4,100				
			2,800					
			6,800					
材 料 貯 蔵 品	107,200			4,600			※ 102,600	
仮　払　金	60,000			8,000				
				52,000				
機 械 装 置	620,000						620,000	
機械装置減価償却累計額		440,000		2,000				※ 442,000
備　　　　品	80,000						80,000	
備品減価償却累計額		20,000		15,000				35,000
支 払 手 形		884,600						884,600
工 事 未 払 金		66,700		2,800				69,500
借　入　金		250,000						250,000
未成工事受入金		193,000						193,000
仮　受　金		50,000	50,000					
完成工事補償引当金		8,400	8,000	6,800				※ 7,200
退職給付引当金		565,000	1,600	31,000				※ 594,400
資　本　金		800,000						800,000
繰越利益剰余金		180,000						180,000
完 成 工 事 高		3,600,000				3,600,000		
完 成 工 事 原 価	2,802,000		4,100		※2,806,100			
販売費及び一般管理費	158,000		15,000	900	※ 203,100			
			31,000					
受取利息配当金		4,000				4,000		
支 払 利 息	7,100				7,100			
	7,100,000	7,100,000						
前 払 保 険 料			900				900	
貸倒引当金繰入額			1,700		1,700			
未 払 法 人 税 等				182,400				※ 182,400
法人税, 住民税及び事業税			234,400		234,400			
			362,900	362,900	3,252,400	3,604,000	4,029,700	3,678,100
当 期 （純利益）					※ 351,600			351,600
					3,604,000	3,604,000	4,029,700	4,029,700

(1) 材料貯蔵品の棚卸減耗

（未成工事支出金）　4,600　（材料貯蔵品）　4,600
　棚卸減耗損

(2) 仮払金

① 過年度完成工事に関する補修費の精算

（完成工事補償引当金）　8,000　（仮　払　金）　8,000

② (11)の法人税等の計上で処理します。

(3) 減価償却費の計上（予定計算）

① 機械装置

　　機械装置の減価償却費については，工事現場用であり月額6,500円が予定計上（工事原価算入）されているため，決算時の実際発生額との差額は，当期の工事原価（未成工事支出金）に加減します。

（未成工事支出金）　2,000*　（機械装置減価償却累計額）　2,000
　減価償却費

　*　(6,500円/月×12カ月)－80,000円
　　　　予定計上額　　　実際発生額
　　＝△2,000円（計上不足）

② 備品

（販売費及び一般管理費）　15,000*　（備品減価償却累計額）　15,000
　減価償却費

　*　(80,000円－20,000円)×0.250＝15,000円
　　　取得原価　T/B減価償却累計額

(4) 仮受金

（仮　受　金）　50,000　（完成工事未収入金）　50,000

(5) 貸倒引当金の計上

（貸倒引当金繰入額）　1,700*　（貸倒引当金）　1,700

　*　(806,000円＋1,244,000円－50,000円)×2％
　　　受取手形　　完成工事未収入金

　　－38,300円＝1,700円（繰入）
　　　T/B残高

(6) 退職給付引当金（予定計算）

① 本社事務員

（販売費及び一般管理費）　31,000　（退職給付引当金）　31,000
　退職給付引当金繰入額

② 現場作業員

　　現場作業員の繰入額は，月額4,300円が予定計上（工事原価算入）されているため，決算時の実際発生額との差額は，当期の工事原価（未成工事支出金）に加減します。

（退職給付引当金）　1,600　（未成工事支出金）　1,600*
　　　　　　　　　　　退職給付引当金繰入額

　*　(4,300円/月×12カ月)－50,000円
　　　予定計上額　　　実際発生額
　　＝1,600円（過大計上）

(7) 外注費の計上

（未成工事支出金）　2,800*　（工事未払金）　2,800
　外注費

(8) 完成工事補償引当金の計上

（未成工事支出金）　6,800*　（完成工事補償引当金）　6,800
　完成工事補償引当金繰入額

　*　(3,600,000円×0.2％)－(8,400－8,000円)
　　　完成工事高　　　　T/B残高
　　＝6,800円（繰入額）

(9) 前払費用

（前払保険料）　900　（販売費及び一般管理費）　900
　　　　　　　　　　　保険料

(10) 完成工事原価

（完成工事原価）　4,100　（未成工事支出金）　4,100*

　*　1,123,000円＋4,600円＋2,000円－1,600円
　　　T/B残高　　(1)　　(3)①　　(6)②
　　＋2,800円＋6,800円－1,133,500円＝4,100円
　　　(7)　　　(8)　　　次期繰越

(11) 法人税等の計上

（法人税,住民税及び事業税）　234,400*　（仮　払　金）　52,000
　　　　　　　　　　　　　（未払法人税等）　182,400

　*　(3,604,000円－3,018,000円)×40％＝234,400円
　　　収益合計　　　費用合計

第1問（20点）4点×5

No.	借 方			貸 方		
	記号	勘 定 科 目	金 額	記号	勘 定 科 目	金 額
(例)	B	当 座 預 金	100,000	A	現　　　　金	100,000
(1)	A	現　　　　金	385,000	N	未 成 工 事 受 入 金	385,000
(2)	M	工 事 未 払 金	1,960,000	F	材 料 貯 蔵 品	85,000
				S	仕 入 割 引	49,900
				B	当 座 預 金	1,825,100
(3)	N	未 成 工 事 受 入 金	5,145,000	R	完 成 工 事 高	31,300,000
	D	完成工事未収入金	26,155,000			
	T	完 成 工 事 原 価	17,664,000	E	未 成 工 事 支 出 金	17,664,000
(4)	C	別 段 預 金	180,000,000	Q	新 株 式 申 込 証 拠 金	180,000,000
	W	株 式 交 付 費	350,000	A	現　　　　金	350,000
(5)	K	貸 倒 引 当 金	700,000	D	完成工事未収入金	1,100,000
	X	貸 倒 損 失	400,000			

解答への道

(1)　未成工事受入金

　　工事が完成する前に受け取った工事代金の中間金は未成工事受入金勘定（負債）で処理します。

(2)　仕入割戻，仕入割引

　①　工事未払金計上時の仕訳 ← すでにこの仕訳は行われています。

（材料貯蔵品）1,960,000　（工事未払金）1,960,000

　②　決済時の仕訳（イ＋ロの仕訳が解答です。）

　　イ　仕入割戻

（工事未払金）　85,000　（材料貯蔵品）　85,000

　　ロ　仕入割引に伴う掛代金の決済

　　　仕入代金の早期決済による割引分は，仕入割引勘定（収益）で処理します。

（工事未払金）1,875,000　（仕入割引）　49,900

　　　　　　　　　　　　（当座預金）1,825,100

(3)　工事進行基準

　①　工事代金の一部受取時 ← すでにこの仕訳は行われています。

（現　金）28,620,000　（未成工事受入金）28,620,000

　②　第1期（前期）の完成工事高および完成工事原価に関する仕訳 ← すでにこの仕訳は行われています。

（未成工事受入金）23,475,000　（完成工事高）23,475,000*
（完成工事原価）12,618,000　（未成工事支出金）12,618,000

　　*　78,250,000円×

$$\frac{\text{工事原価実際発生額}12,618,000円}{\text{見積工事原価総額}42,060,000円}(0.3)$$

工事進捗度

　　　＝23,475,000円

　③　第2期（当期）の完成工事高および完成工事原価

に関する仕訳 ← 本問の解答

(未成工事受入金) 5,145,000*¹ (完成工事高) 31,300,000*²
(完成工事未入金) 26,155,000
(完成工事原価) 17,664,000 (未成工事支出金) 17,664,000

* 1　28,620,000円 － 23,475,000円 ＝ 5,145,000円
　　　　　　 $\underbrace{}$ 上記①　　　 $\underbrace{}$ 上記②

* 2　78,250,000円 ×

$$\dfrac{\underbrace{工事原価実際発生額12,618,000円(第1期)＋17,664,000円(第2期)}_{}}{\underbrace{見積工事原価総額43,260,000円(第2期変更後)}_{}}$$

　　　　(0.7) － 23,475,000円 ＝ 31,300,000円
　　　　$\underbrace{工事進捗度}$　　第1期工事収益

(4) 新株式申込証拠金

　　新株を発行する際に払い込まれた証拠金は新株式申込証拠金（純資産）で処理します。また，募集の際に支払った手数料は増資のための費用になりますので，株式交付費（費用）で処理します。

　　払込金額：2,000株 × 90,000円 ＝ 180,000,000円

(5) 貸倒れ

　　前期以前の完成工事未入金が貸し倒れた場合は，貸倒引当金勘定（資産のマイナス）を取り崩します。また，貸倒引当金の金額が不足した場合には，その不足額を貸倒損失勘定（費用）で処理します。

　　完成工事未入金：1,400,000円 － 300,000円
　　　　　　　　　　　　　　　　　 $\underbrace{}$ 回収

　　　　　　　　 ＝ 1,100,000円
　　貸倒引当金：1,400,000円 × 50％ ＝ 700,000円

第2問 （12点）3点×4

(1) 　　　　 7 　年
(2) 　 40,000 　円
(3) 　420,000 　円
(4) 　378,000 　円

解答への道

(1) 固定資産の総合償却

　① 要償却額合計
　　機械A：1,200,000円 － 120,000円 ＝ 1,080,000円
　　機械B：　900,000円 － 　90,000円 ＝ 　810,000円
　　　　　　　　　　　　　　　　　　　 1,890,000円

　② 年償却額合計

　　機械A：1,080,000円 ÷ 8年 ＝ 　135,000円
　　機械B：　810,000円 ÷ 6年 ＝ 　135,000円
　　　　　　　　　　　　　　　　　 270,000円

　③ 平均耐用年数
　　1,890,000円 ÷ 270,000円 ＝ 7 年

(2) 社債の買入消却

　① 社債発行時（額面総額10,000,000円分）
　（当座預金）9,600,000* （社　　債）9,600,000

　　* @96円 × $\dfrac{10,000,000円}{@100円}$ ＝ 9,600,000円

　② 決算時（額面総額10,000,000円分）
　（社債利息）　80,000* （社　　債）　80,000

　　* $\underbrace{(10,000,000円}_{額面金額} － \underbrace{9,600,000円)}_{払込金額} × \dfrac{12カ月}{60カ月}$
　　　 ＝ 80,000円

　③ 買入消却時（額面総額10,000,000円分）
　（社　　債）9,760,000*¹ （当座預金）9,800,000*²
　（社債償還損） 40,000

　　*1　9,600,000円 ＋ 80,000円 × 2年（令和×6年4月1
　　　 $\underbrace{発行価額}$ 　　　 $\underbrace{償却額}$
　　　 日〜令和×8年3月31日）＝ 9,760,000円

　　*2　@98円 × $\dfrac{10,000,000円}{@100円}$ ＝ 9,800,000円

(3) 消費税の決算整理（税抜方式）

　① 未処理事項
　（広　告　費）156,000 （未払広告費）171,600
　（仮払消費税）15,600

　② 未払消費税の計上
　（仮受消費税）882,000 （仮払消費税）462,000*
　　　　　　　　　　　　（未払消費税）420,000

　　* 仮払消費税：446,400円 ＋ 15,600円 ＝ 462,000円
　　　　　　　　　　　　　 $\underbrace{}$ 未処理分

(4) 本支店会計（本店勘定）

　　本店から支店へ振り替えられた勘定科目，金額はそのまま支店の帳簿に計上されます。よって，本店勘定は仕訳から貸借差額で求めます。

　（現　　　　金）143,000 （工事未払金）　97,000
　（材料貯蔵品）　35,000 （機械装置減価償却累計額）105,000
　（未成工事支出金）102,000 （本　　店）378,000
　（機　械　装　置）300,000

問1

　　（A）　　214,000　　円※
　　（B）　　124,000　　円※
　　（C）　　60,000　　円※
　　（D）　　103,500　　円※

問2

　　　　　276,700　　円◎

解答への道

問1　先入先出法による材料元帳の作成

材　料　元　帳

令和×9年4月　　　　　　　　（数量：kg，単価及び金額：円）

月	日	摘　　要	受　入			払　出			残　高		
			数量	単価	金　額	数量	単価	金　額	数量	単価	金　額
4	1	前 月 繰 越	500	300	150,000				500	300	150,000
		仕　入　れ	400	320	128,000				500	300	150,000
								(A)	400	320	128,000
	2	11号工事に払出し				500	300	150,000			
						200	320	64,000	200	320	64,000
	9	仕　入　れ	600	300	180,000				200	320	64,000
								(B)	600	300	180,000
	13	12号工事に払出し				200	320	64,000			
						200	300	60,000	400	300	120,000
	16	11号工事に払出し				200	300	(C)60,000	200	300	60,000
	22	仕　入　れ	300	290	87,000				200	300	60,000
								(D)	300	290	87,000
	27	12号工事に払出し				200	300	60,000			
						150	290	43,500	150	290	43,500
	30	次 月 繰 越				150	290	43,500			
			1,800	―	545,000	1,800	―	545,000			

（A）500kg×@300円＝150,000円　＼
　　　200kg×@320円＝ 64,000円　／　計214,000円

（B）200kg×@320円＝ 64,000円　＼
　　　200kg×@300円＝ 60,000円　／　計124,000円

（C）200kg×@300円＝ 60,000円

（D）200kg×@300円＝ 60,000円　＼
　　　150kg×@290円＝ 43,500円　／　計103,500円

〈78〉

問2　移動平均法による材料元帳の作成

材 料 元 帳

令和×9年4月　　　　　　　　　（数量：kg，単価及び金額：円）

月	日	摘　要	受　入			払　出			残　高		
			数量	単価	金　額	数量	単価	金　額	数量	単価	金　額
4	1	前 月 繰 越	500	300	150,000				500	300	150,000
		仕　入　れ	400	320	128,000				900	—	278,000
	2	11号工事に払出し				700	309*1	(A)216,300	200	—	61,700
	9	仕　入　れ	600	300	180,000				800	—	241,700
	13	12号工事に払出し				400	302*2	(B)120,800	400	—	120,900
	16	11号工事に払出し				200	302*2	(C) 60,400	200	—	60,500
	22	仕　入　れ	300	290	87,000				500	—	147,500
	27	12号工事に払出し				350	295*3	(D)103,250	150	—	44,250
	30	次 月 繰 越				150	—	44,250			
			1,800	—	545,000	1,800	—	545,000			

＊1　@308.8888…→@309円（円未満四捨五入）

＊2　@302.125→@302円（円未満四捨五入）

＊3　@295円

(A)　(150,000円＋128,000円)÷900kg
　　　前月繰越　4/1仕入高　数量

　　＝@308.888…円→@309円（円未満四捨五入）
　　　　　　　　　単価

　　700kg×@309円＝216,300円
　払出数量　単価

(B)　(61,700円＋180,000円)÷800kg
　　　4/2残高　4/9仕入高　数量

　　＝@302.125円→@302円（円未満四捨五入）
　　　　　　　単価

　　400kg×@302円＝120,800円
　払出数量　単価

(C)　(61,700円＋180,000円)÷800kg
　　　4/2残高　4/9仕入高　数量

　　＝@302.125円→@302円（円未満四捨五入）
　　　　　　　単価

　　200kg×@302円＝60,400円
　払出数量　単価

(D)　(60,500円＋87,000円)÷500kg
　　　4/16残高　4/22仕入高　数量

　　＝@295円
　　　単価

　　350kg×@295円＝103,250円
　払出数量　単価

　　11号工事の材料費：(A)216,300円＋(C)60,400円
　　＝276,700円

第4問 （24点）問1 1点×4 問2※4点×5

問1

記号	1	2	3	4
（A～D）	A	C	D	B

問2

工事別原価計算表　　　　　　　　　　　　　　（単位：円）

原価要素＼工事番号	第60号工事	第61号工事	第62号工事	合　計
月初未成工事原価	（　523,600）	（　249,700）		（　773,300）
当月発生工事原価				
材　料　費	（　274,500）	413,000	152,300	839,800
労　務　費	（　743,200）	619,000	（※　593,300）	1,955,500
外　注　費	221,500	298,000	（　220,500）	740,000
経　　　費	（※　133,600）	（　149,800）	131,600	415,000
甲　部　門　費	（　44,300）	（　59,600）	（　44,100）	（　148,000）
乙　部　門　費	（　52,800）	（　85,200）	（　68,400）	（※　206,400）
工事原価計	（　1,993,500）	1,874,300	1,210,200	（※5,078,000）
うち当月完成工事原価	（※1,993,500）	（　1,874,300）		3,867,800

解答への道

問1　制度的原価の基礎的分類基準

　A．発生形態別分類

　　　原価の発生形態とは，原価を構成する経済財の消費がどのような形態または特性で生ずるかということであり，建設業における原価はこの分類基準により「材料費」「労務費」「経費」「外注費」に分類されています。→(1)

　B．作業機能別分類

　　　作業機能別分類とは，原価が企業経営を遂行した上で，どのような機能のために発生したかによる分類であり，建設業独特の分類としては，原価を工事種類（工種）別に区分することなどがあげられます。→(4)

　C．計算対象との関連性分類

　　　原価は最終生産物（建設業においては各工事）の生成に関して，工事直接費（直接原価）と工事間接費（間接原価）に分類することができます。すなわちこれは，特定の工事に対して発生する原価を計算できるかできないかということになります。→(2)

　D．操業度との関連性分類

　　　操業度の増減に応じて比例的に増減する原価を変動費といい，操業度の増減にかかわらず変化しない原価を固定費といいます。→(3)

問2　未成工事支出金勘定と工事別原価計算表の関係は次のとおりです。問題資料，解答欄そして未成工事支出金勘定を加えることにより，全体のイメージをつかむことができます。

未成工事支出金

前月繰越	773,300	完成工事原価	3,867,800 ←
材料費	839,800	次月繰越	1,210,200 ←
労務費	1,955,500		
外注費	740,000		
経費	415,000		
甲部門費	148,000		
乙部門費	206,400		
	5,078,000		5,078,000

工事別原価計算表　　　　（単位：円）

原価要素 ＼ 工事番号	第60号工事	第61号工事	第62号工事	合　計
月初未成工事原価	(523,600)	(249,700)		(773,300)
当月発生工事原価				
材料費	(274,500)	413,000	152,300	839,800
労務費	(743,200)	619,000	(593,300)	1,955,500
外注費	221,500	298,000	(220,500)	740,000
経費	(133,600)	(149,800)	131,600	415,000
甲部門費	(44,300)	(59,600)	44,100	148,000
乙部門費	(52,800)	(85,200)	68,400	(206,400)
工事原価計	(1,993,500)	1,874,300	1,210,200	(5,078,000)
うち当月完成工事原価	(1,993,500)	(1,874,300)		3,867,800 ←

1．工事別原価計算表の作成

(1) 月初未成工事原価

第60号工事：122,100円 + 101,300円 + 252,000円
　　　　　　材料費　　労務費　　外注費
　　　　　　+ 48,200円 = 523,600円
　　　　　　経費

第61号工事：70,600円 + 62,000円 + 83,200円
　　　　　　材料費　　労務費　　外注費
　　　　　　+ 33,900円 = 249,700円
　　　　　　経費

(2) 工事別原価計算表の材料費，労務費，外注費および経費の金額

各費目合計または工事原価計の差引により推定金額を求めます。

(3) 甲部門費（予定配賦）

外注費法により，各工事の外注費の20%を計上し

ます。

合　　　計：740,000円×20% ＝ 148,000円
第60号工事：221,500円×20% ＝ 44,300円
第61号工事：298,000円×20% ＝ 59,600円
第62号工事：220,500円×20% ＝ 44,100円

(4) 乙部門費（予定配賦）

予定配賦率600円/時間を各工事の機械運転時間に乗じた金額を計上します。

第60号工事：600円/時間× 88時間 ＝ 52,800円
第61号工事：　〃　×142時間 ＝ 85,200円
第62号工事：　〃　×114時間 ＝ 68,400円
　　　　　　　　　　　　　　　206,400円

(5) 当月完成工事原価

① 第60号工事　523,600円 + 274,500円
　　　　　　　　月初　　　材料費

　+ 743,200円 + 221,500円 + 133,600円
　　労務費　　　外注費　　　経費

　+ 44,300円 + 52,800円 = 1,993,500円
　　甲部門費　乙部門費

② 第61号工事　249,700円 + 413,000円
　　　　　　　　月初　　　材料費

　+ 619,000円 + 298,000円 + 149,800円
　　労務費　　　外注費　　　経費

　+ 59,600円 + 85,200円 = 1,874,300円
　　甲部門費　乙部門費

③ ① + ② = 3,867,800円

第5問 (30点) ※3点×10

精　算　表 (単位：円)

勘 定 科 目	残高試算表 借方	残高試算表 貸方	整理記入 借方	整理記入 貸方	損益計算書 借方	損益計算書 貸方	貸借対照表 借方	貸借対照表 貸方
現 金 預 金	72,000			3,000			69,000	
受 取 手 形	283,000						283,000	
完成工事未収入金	617,000						617,000	
貸 倒 引 当 金		14,000		4,000				※18,000
未成工事支出金	726,000		400	11,000			721,600	
			16,000	1,300				
			800	9,300				
材 料 貯 蔵 品	69,000						69,000	
仮 払 金	31,000			6,000				
				25,000				
機 械 装 置	280,000						280,000	
機械装置減価償却累計額		125,000		400				※125,400
備 品	66,000						66,000	
備品減価償却累計額		33,000		11,000				44,000
支 払 手 形		338,600						338,600
工 事 未 払 金		112,000		16,000				128,000
借 入 金		560,000						560,000
未成工事受入金		262,000		37,000				※299,000
仮 受 金		48,000	37,000					
			11,000					
完成工事補償引当金		7,500	1,300					6,200
退職給付引当金		172,000		800				※184,800
				12,000				
資 本 金		100,000						100,000
繰越利益剰余金		116,000						116,000
完 成 工 事 高		3,100,000				3,100,000		
完 成 工 事 原 価	2,620,000		9,300		※2,629,300			
販売費及び一般管理費	220,000		1,200		※250,800			
			6,600					
			11,000					
			12,000					
受取利息配当金		11,900				11,900		
支 払 利 息	16,000				16,000			
	5,000,000	5,000,000						
未 払 金				600				※600
未払法人税等				59,000				※59,000
貸倒引当金繰入額			4,000		4,000			
雑 損 失			1,800		※1,800			
法人税, 住民税及び事業税			84,000		84,000			
			196,400	196,400	2,985,900	3,111,900	2,105,600	1,979,600
当 期 （純利益）					※126,000			126,000
					3,111,900	3,111,900	2,105,600	2,105,600

〈82〉

解答への道

(1) 雑損失

（販売費及び一般管理費）	1,200	（現　　　金）	3,000*
消耗品費			
（雑　損　失）	1,800		

* 10,500円－13,500円＝△3,000円
　実際手許有高　帳簿残高

(2) 仮払金

① 仮払金の精算

（販売費及び一般管理費）	6,600	（仮　払　金）	6,000
交際費		（未　払　金）	600

② (10)の法人税等の計上で処理します。

(3) 貸倒引当金の計上

（貸倒引当金繰入額）	4,000*	（貸倒引当金）	4,000

* （283,000円＋617,000円）× 2 ％－14,000円
　受取手形　完成工事未収入金　　　T/B残高
　＝4,000円（繰入）

(4) 仮受金

① 施工中の工事分

（仮　受　金）	37,000	（未成工事受入金）	37,000

② スクラップの売却代金分

（仮　受　金）	11,000	（未成工事支出金）	11,000

(5) 減価償却費の計上（予定計算）

① 機械装置

機械装置の減価償却費については、工事現場用であり月額4,800円が予定計上（工事原価算入）されているため、決算時の実際発生額との差額は、当期の工事原価（未成工事支出金）に加減します。

（未成工事支出金）	400*	（機械装置減価償却累計額）	400
減価償却費			

* （4,800円/月×12カ月）－58,000円
　　予定計上額　　　実際発生額
　＝△400円（計上不足）

② 備品

（販売費及び一般管理費）	11,000*	（備品減価償却累計額）	11,000
減価償却費			

* 66,000円÷ 6 年＝11,000円

(6) 仮設撤去費の未払分

（未成工事支出金）	16,000	（工事未払金）	16,000
仮設撤去費			

(7) 退職給付引当金

① 管理部門

（販売費及び一般管理費）	12,000	（退職給付引当金）	12,000
退職給付引当金繰入額			

② 施工部門

施工部門の繰入額は、月額1,800円が予定計上（工事原価算入）されているため、決算時の実際発生額との差額は、当期の工事原価（未成工事支出金）に加減します。

（未成工事支出金）	800*	（退職給付引当金）	800
退職給付引当金繰入額			

* （1,800円/月×12カ月）－22,400円
　　予定計上額　　　実際発生額
　＝△800円（計上不足）

(8) 完成工事補償引当金の計上

（完成工事補償引当金）	1,300*	（未成工事支出金）	1,300
		完成工事補償引当金戻入額	

* （3,100,000円×0.2%）－7,500円
　　完成工事高　　　T/B残高
　＝△1,300円（戻入額）

(9) 完成工事原価

（完成工事原価）	9,300*	（未成工事支出金）	9,300

* 726,000円－11,000円＋400円＋16,000円＋800円
　T/B残高　　(4)②　　(5)①　　(6)　　(7)②
　－1,300円－721,600円＝9,300円
　　(8)　　　次期繰越

(10) 法人税等の計上

（法人税,住民税及び事業税）	84,000*	（仮　払　金）	25,000
		（未払法人税等）	59,000

* （3,111,900円－2,901,900円）×40％＝84,000円
　　収益合計　　　費用合計

〈83〉